GÜTERSLOHER
VERLAGSHAUS

Hier geht's zu den Sportkommentaren:
www.gtvh.de/sportkommentare

ULLI POTOFSKI

ENTSCHEIDEND IST AUF'M PLATZ

DIE VERRÜCKTE WELT DES FUSSBALLS UND SEINER KOMMENTATOREN

GÜTERSLOHER VERLAGSHAUS

Bibliografische Information der Deutschen Nationalbibliothek
Die Deutsche Nationalbibliothek verzeichnet diese Publikation
in der Deutschen Nationalbibliografie; detaillierte bibliografische
Daten sind im Internet über https://portal.dnb.de abrufbar.

FSC
www.fsc.org

MIX

Papier aus ver-
antwortungsvollen
Quellen

FSC® C014889

Verlagsgruppe Random House FSC® N001967
Das für dieses Buch verwendete FSC®-zertifizierte Papier
EOS liefert Salzer Papier, St. Pölten, Austria.

Redaktionelle Mitarbeit:
Christiane Mitatselis, Benjamin Potofski, Marion Talke

1. Auflage
Copyright © 2014 by Gütersloher Verlagshaus, Gütersloh,
in der Verlagsgruppe Random House GmbH, München

Umschlagmotiv: © Randy Faris/Corbis
Druck und Einband: Friedrich Pustet GmbH & Co. KG, Regensburg
Printed in Germany
ISBN 978-3-579-07067-4

www.gtvh.de

INHALT

»NICHTS IST SUBJEKTIVER
ALS DIE EINSCHÄTZUNG
EINES SPORTREPORTERS.«

VORWORT ANPFIFF

Seit etwa 55 Jahren verfolge ich Fußballreportagen. Erst nur im Radio, später dann auch im Fernsehen. Seit 40 Jahren (eine unglaubliche Zahl) habe ich selber damit beruflich zu tun. Früher nur im Radio – seit fast 30 Jahren nun nur noch im Fernsehen. Ich erinnere mich gerne an die Zeit zurück, als ich zusammen mit meinem Vater und meinem Bruder in unserer winzigen Wohnung in Gelsenkirchen-Schalke Fußballreportagen lauschte. Besonders lebhaft ist mir eine Übertragung 1962 von der Weltmeisterschaft in Chile in Erinnerung geblieben. Nach der Gruppenphase traf Deutschland im ersten K.o.-Spiel auf Jugoslawien. Wir hörten über Kurzwelle der Kommentierung aus dem unglaublich weit entfernten Santiago de Chile zu. Eine Stimme kam näher, entfernte sich, war zwischenzeitlich kaum zu verstehen. Ein Rauschen wie zwei Meere zusammen ließ manchmal nur erahnen, was da mit heiserer Stimme in ein Mikrofon geflüstert, geschrien, berichtet wurde. Lange stand es 0:0. Der Reporter verstand es, plastisch (wenn man ihn denn verstand) das Match zu schildern. Etwa in der 80. Minute dann ein Aufschrei aus Südamerika und ein heiseres »Tor für Jugoslawien. Fahrian hatte gegen diesen Mordsschuss keine Chance. Deutschland rennt an – aber Jugoslawien wankt nicht. Lässt nichts zu.« Ich, damals zehn Jahre alt, knabberte an meinen Fingernägeln. Dann kam die Schreckensnachricht aus dem Lautsprecher: »Das Spiel ist aus – Deutschland ist aus der Weltmeisterschaft ausgeschieden.« Fernsehbilder von diesem Spiel gab es erst Tage später. In mir hatte das Ereignis aber etwas ausgelöst. Ich wollte Fußballreporter werden.

Bis zur Verwirklichung dieses Traumes war es aber noch ein weiter Weg. Darüber berichte ich auch in diesem Buch. Ulli über Ulli ist natürlich mit das schwierigste Kapitel gewesen, denn auch an meiner Person scheiden sich, Gott sei Dank, die Geister. Aber ich kann gut über mich selber lachen, wenn ich jetzt im Panini-Sammelalbum mein Bild aus der ersten »Anpfiff«-Sendung 1988 bei RTL finde, dann ist das schon extrem lustig.

Was sich in den letzten 40 Jahren im Bereich Sportjournalismus und in unserer Sportreportersprache geändert hat – davon handelt dieses Buch. In erster Linie beschäftige ich mich aber mit den Protagonisten der Sportreportage. Mit den Erzählern und den Erzählerinnen, mit denen, die mit dem Ball sprechen. Selbstverständlich mache ich das respektvoll, gelegentlich mit einem kleinen Augenzwinkern. Sicherlich würde der eine oder andere Leser hier gerne lesen, dass ich bei Sabine Töpperwien das Radio ausschalte. Nein, das mache ich nicht. Höchstens etwas leiser. Jeder meiner Kolleginnen und Kollegen hat eine Daseinsberechtigung, sonst wären sie nicht da, wo sie sind – glaube ich wenigstens.

Unser Berufsstand hat so viel Aufmerksamkeit wie kaum ein anderer erreicht, Menschen regen sich über uns fürchterlich auf oder loben den einen oder anderen Reporter über den grünen Klee oder – um in unserem Sportreporterbild zu bleiben – über den grünen Rasen. Das Internet hat an Macht gewonnen. Und wenn man Pech hat, erzeugt man einen Shitstorm. Oder es wird eine Seite gegründet, die eine Forderung erhebt wie: »Stoppt Marcel Reif!«

Eigentlich ist das der Ritterschlag eines jeden Sportreporters – aber nur, wenn die anderen 50 Prozent des Publikums vor dem Bildschirm sagen: »Ich höre den Reif gerne!« Grundsätzlich gilt: Subjektiver als Sportkommentatoren wird kaum eine andere Berufsgruppe wahrgenommen. Man liebt uns – man hasst uns: Aber kaum jemandem ist man einfach nur egal. Obwohl das im Grunde die richtige Einstellung uns gegenüber wäre. Es kann aber auch sein, dass ich uns gerade viel zu wichtig nehme. Es gibt sicher auch Zuschauer und Zuhörer, die nach einem Spiel sofort vergessen haben, wer da alles gerade auf sie eingeredet hat. Vielleicht ist gerade diese Person der ideale Reporter. Das gilt ja auch für Schiedsrichter so.

Dennoch gibt es große Unterschiede. Ist Marcel Reif eher der Intellektuelle der Branche, so kam Werner Hansch immer besonders volkstümlich rüber – und Sabine Töpperwien aus dem Radio erlaubt sich etwas Ungeheuerliches: Sie ist eine Frau.

Erfahren Sie also in diesem Buch etwas mehr über die Personen, die ständig mit dem Ball sprechen müssen oder dürfen. Aber tun Sie mir einen Gefallen. Behaupten Sie nicht, Sie würden den Ton bei den Übertragungen abstellen. Das kaufe ich Ihnen nicht ab, denn dann könnten Sie sich nicht mehr so schön über unseren Beruf aufregen und alles im Radio oder Fernsehen würde nur noch halb so viel Spaß machen. Dabei sind wir ja eigentlich nur die Beilage zum Gericht. Also die Kartoffeln oder die Nudeln zum Fleisch.

Ach ja ... Ungezählte Menschen möchten ebenfalls ausgeschimpft und angegriffen werden – deshalb gibt es in diesem Buch das Kapitel »Wie wird man Fußballreporter?« Übrigens mit einer praktischen Übung – und so können

Sie sehr schnell Ihrer Frau, Ihrem Mann oder Ihren Freunden auf den Wecker gehen. Es kann aber auch sein, dass Sie bald einen Werbevertrag für Weißbier in der Tasche haben – und könnte das nicht auch ein Lebensziel sein?

Mit diesem Buch unternehmen wir etwas, das viele Bücher so noch nicht angeboten haben. Es kann zu Ihnen sprechen. Zu jedem Protagonisten gibt es einen so genannten O-Ton (typischer Fernsehausdruck für Original-Ton). Sie rufen diesen einfach mit dem entsprechenden QR-Code ab – und schon haben Sie die Stimme im Ohr. Sie finden die Hörproben auch auf unserer Internetseite www.gtvh.de/sportkommentare. Ich gebe zu, diese Ausschnitte haben wir recht subjektiv aus den unterschiedlichsten Internetforen ausgesucht. Aber viel Spaß dabei dennoch ... oder gerade deshalb.

Schließlich: Mit Hilfe dieses Buches können Sie etwas gewinnen, einen Satz Trikots aus dem Hause »Hummel« für Ihre Mannschaft oder eine Jugendmannschaft nach Wahl. Allerdings sollten Sie zu jeder bislang gespielten Fußball-Weltmeisterschaft eine Frage auf der Internetseite *www.gtvh.de/wm-gewinnspiel* beantworten können – und jetzt kommt das »Fiese«: Die Lösungen veröffentlichen wir erst am Endspieltag der WM 2014 in Brasilien – und dort erfahren Sie dann auch, wer gewonnen hat.

Schön, dass Sie sich damit nicht blamieren können, Sie glauben gar nicht, was Sportreporter alles nicht wissen.

Damit sind wir beim Fazit: Entscheidend ist auf'm Platz!
Viel Spaß und Erfolg!

Ihr

HERIBERT FASSBENDER
DER GOLDGERAHMTE

JAHRGANG 1941

Geboren in Ratingen
Nach dem Abitur studierte er zunächst Rechtswissenschaften.

BERUFLICHE LAUFBAHN

1963   Reporter beim WDR-Radio
1979-1982 Studioleiter des WDR-Studios Düsseldorf
1982-2006 Leiter der Programmgruppe »Sport« beim
           WDR-Fernsehen
2000   Mitglied des Kuratorium »Sportstiftung NRW«

Als Sportreporter berichtete Faßbender von neun Olympischen
Spielen sowie acht Fußball-Weltmeisterschaften. Bei TV-Übertra-
gungen begann er stets unverkennbar mit dem Satz: »'n Abend
allerseits«, der durch ihn Kult wurde.
2001 bekam er den Verdienstorden des Landes NRW verliehen.

Wie die Zeit vergeht ... Die jüngeren Fußball-Fans werden sich nicht mehr an das berühmte »N'Abend allerseits« erinnern, das früher allgegenwärtig war. Ja, so begrüßte Heribert Faßbender jahrzehntelang, bis zu seinem Ruhestand im Jahr 2006, die Fernsehzuschauer. Kein Reporter ist mit so vielen legendären Sätzen in die Geschichte eingegangen wie der frühere Sportchef des WDR – zum Beispiel: »Jetzt skandieren die Fans wieder: Türkiye, Türkiye, was so viel heißt wie: Türkei, Türkei.« Oder: »Fußball ist inzwischen die Nummer eins in Frankreich. Handball übrigens auch.« Viele Zuschauer mochten ihn, viele schimpften über ihn – und gelegentlich wurde über ihn gelacht (was kein schlechtes Zeichen für einen Menschen sein muss!).

Er war *der* Mann des öffentlich-rechtlichen Fernsehens, berichtete von neun Olympischen Spielen und acht Fußball-Weltmeisterschaften. Heribert war omnipräsent, seine Stimme kannte jeder. Insgesamt 44 Jahre arbeitete er für den Westdeutschen Rundfunk, 20 Jahre war er »Sportschau«-Moderator und 23 Jahre Sportchef des Senders. Viele Zuschauer konnten sich damals wahrscheinlich gar nicht vorstellen, dass die Fußball-Bundesliga ohne ihn überhaupt stattfinden würde, so eng war er mit ihr und sie mit ihm verbunden. Heribert war der Herr der Spiele und Tore. Wenn das »N'Abend allerseits« fiel, wusste man, dass es losging.

Ich habe zu ihm eine besondere Beziehung. Als ich 1988 bei RTL begann, »Anpfiff« zu moderieren, war Heribert immer zugegen. Ein golden gerahmtes Porträt-Foto von ihm stand auf meinem Moderations-Tisch. Gekauft von meinem Kollegen Christian Sprenger im Ramschkaufhaus Woolworth für damals 4,90 DM. RTL hatte ja in jener Zeit noch kein Geld. Später wurden dann Hunderttausende für Studiodekorationen ausgegeben. Die Betonung liegt aber auf später. Ich habe dazu nie etwas gesagt, Journalisten fragten aber oft, was das denn bedeuten sollte. Ich sagte dann immer: »Das ist mein Opa.« Dabei ist Heribert nur elf Jahre älter als ich. Ich fand das lustig und wollte damit ausdrücken, dass im Fernsehen eine neue Zeit angebrochen war. Ich sah einen Kampf der Systeme. Heribert Faßbender stand aus meiner damaligen Sicht für die alte, wir für die neue Epoche. Irgendwann hat Heribert in jener Zeit einmal ein Spiel von Borussia Dortmund kommentiert, es wurde Günter Kutowski eingewechselt – und er sprach von Potofski. Da ahnte ich, dass er mit mir ein leichtes Problem hatte. Aber Spaß hatte ich an diesem Versprecher schon.

Heribert war einer, der das andere System perfekt verkörperte mit seinen gepflegten Anzügen und seinem Juristendeutsch – er hat ja Jura studiert. Wie einige andere Kollegen auch, etwa Wilfried Mohren, aber der landete später einmal für kurze Zeit in Untersuchungshaft wegen Unregelmäßigkeiten bei der Fernsehübertragung einer Sponsorenveranstaltung und wurde letztlich zu einer Bewährungsstrafe verurteilt. Eine ganz andere tragische Geschichte. Ich betrachtete mich als einen Gegenpart zu Heribert und fand es cool, mich als solcher zu profilieren. Das war, muss ich heute sagen, ziemlich albern von mir. Sorry, Herr Faßbender!

Als ich 1978 zum WDR-Radio kam, hörte Heribert dort auf. Ich war sozusagen sein Nachfolger bei »Sport und Musik«. Er war ein exzellenter Hörfunkreporter, ein Super-Beschreiber. Er beherrschte es perfekt, Bilder im Kopf entstehen zu lassen. Das ist ja die Aufgabe des Hörfunkreporters – wohingegen beim Fernsehen die Bilder mehr für sich sprechen. Das wiederum ist ihm nicht ganz so leicht gefallen. Wer lange Hörfunk gemacht hat, der neigt dazu, Dinge zu beschreiben, die eigentlich jeder sieht. Das kenne ich aus eigener Erfahrung nur zu gut – oder zu schlecht.

Unvergessen ist, wie es bei der Weltmeisterschaft 1990 mit ihm durchging, als er im Achtelfinale zwischen Deutschland und Holland rief: »Schickt diesen Mann ganz schnell zurück in die Pampa!« Gemeint war der argentinische Schiedsrichter, der Frank Rijkaards Spucken gegen Rudi Völler nicht gesehen hatte und beiden Spielern die Rote Karte zeigte. Ursache und Wirkung wurden damals einfach nicht bedacht. So ungerecht war Fußball aber schon immer. Viele regten sich damals auf. Aber mal ehrlich, eigentlich hatte Heribert den Nagel auf den Kopf getroffen. Er war Sinnbild für alles Deutsch-Korrekte, mit seinem Kinnbart und seiner Brille sah er immer ein bisschen wie ein Erdkunde-Lehrer aus. Oder wie ein Buchhalter. Es war schon ungewöhnlich, dass er sich damals zu so etwas hinreißen ließ. In einem Interview sagte er, er wundere sich heute selbst über seinen Erregungsgrad – der, wie schon erwähnt, große Erregung beim Publikum auslöste. Viele Zuschauer empörten sich über seine Entgleisung, die man ihm als Chauvinismus auslegte. Andere Zuschauergruppen waren ihm aber auch regelrecht (nicht regelgerecht) dankbar für diesen Spruch. Heute würde sich über einen solchen Satz vermutlich kaum noch jemand echauffieren.

Einmal im Ruhestand, zog sich Heribert ganz zurück aus dem aktiven Reporterleben. Es gab auch keine kurzen Kommentierungs-Comebacks wie bei anderen Pensionären. Ab und zu sehe ich ihn. Er sitzt noch im Gesellschafter-Ausschuss von Bayer 04 Leverkusen und ist Präsident des Verbandes Westdeutscher Sportjournalisten. So ganz ohne Öffentlichkeit kann er wohl auch nicht.

Kultstatus ist ihm schon lange sicher. Der Satiriker Thomas Gsella gab bereits in den 90er Jahren das Buch »So werde ich Heribert Faßbender – Grund- und Aufbauwortschaft Fußball-Reportage« heraus, eine Art Glossar des faßbender'schen Vokabulars und seiner Floskeln, die heute irgendwie schon nostalgisch klingen. Wie das berühmte »N'Abend allerseits«. Aber lassen Sie es mich hier nochmals deutlich schreiben: Keiner meiner Kollegen kommt ohne Floskeln aus. Besorgen Sie sich ruhig das Buch, wenn Sie Sportreporter werden wollen – es kann echt nicht schaden. Ich habe es auch gelesen – ich weiß, Sie haben es geahnt.

FRAGE 1 1930 ...

Das allererste WM-Spiel fand 1930 in Uruguay vor 4.444 Zuschauern zwischen Frankreich und Mexico statt. Dieser 13.7.1930 ist also ein historischer Tag für den Fußball. Frankreich gewann mit 4:1 und eine kleine Besonderheit ereignete sich auch noch – nämlich welche?

A. Das Spiel in Uruguay fand bei 36 Grad Hitze statt.

B. Es regnete während der gesamten Spielzeit so sehr, dass man das Spiel fast abgebrochen hätte.

C. Schneegestöber beeinträchtigte die Begegnung.

D. Ein heftiges Gewitter ging nieder, das Spiel musste 20 Minuten unterbrochen werden.

WWW.GTVH.DE/WM-GEWINNSPIEL

URUGUAY WM 1930

KATRIN MÜLLER-HOHENSTEIN
HOCHADEL IM SPORTJOURNALISMUS

JAHRGANG 1965

Geboren in Erlangen
Nach dem Abitur begann sie zunächst ein Studium der Theater-
wissenschaften, was sie jedoch nicht abschloss. Ihre Medienkarri-
ere startete sie beim Lokalsender »Radio Gong« in Nürnberg.

BERUFLICHE LAUFBAHN

1992-2007 Moderatorin beim Privatsender »Antenne Bayern«
2007-2008 Wechsel zum Bayerischen Rundfunk
2006   Wechsel zum ZDF vor die Kamera, wo sie das
           »aktuelle sportstudio« moderiert.

2008 wurde sie mit dem »Bayerischen Sportpreis« und 2012 mit der
»Goldenen Kamera« geehrt. Seit 2010 berichtet sie regelmäßig fürs
ZDF von Fußball-Weltmeisterschaften und Olympischen Spielen.
Ihr Spitzname ist »KMH«.

Als Katrin Müller-Hohenstein 2006 zum ZDF kam und zum ersten Mal das berühmte »aktuelle sportstudio« moderierte, wirkte sie auf sympathische Weise unsicher. Man merkte es der gelernten Radiofrau von Antenne Bayern an, dass Fernsehen für sie Neuland war. Sie suchte manchmal mit ihren Blicken die Kameras; sie war sichtlich angespannt, denn ihr war klar, dass sie unter ganz besonderer Beobachtung stand. Eine Frau als Moderatorin des »sportstudios«? – Viele müssen da immer noch an Carmen Thomas denken, die im Jahr 1973 einmal Schalke 05 sagte, was ihr die aufgebrachte Welt der Fußball-Chauvinisten niemals verzieh. Ich übrigens als überzeugter Schalker durchaus. Mein Vater ging allerdings damals härter mit der Moderatorin um. Er wollte sie nie wieder auf dem Bildschirm sehen. Na ja, er war halt doch noch aus einer anderen Generation.

Wenn man mit uns männlichen Moderatoren so hart ins Gericht ginge, dann wäre jeder von uns mindestens einmal mit Schimpf und Schande geschasst worden. Nach Carmen Thomas versuchten sich noch ein paar andere Frauen im »sportstudio«, doch erst Katrin Müller-Hohenstein setzte sich langfristig durch und etablierte sich als eines der Sportgesichter des Senders. Sie hat das »sportstudio« inzwischen weit mehr als 100-mal moderiert. Außerdem kommt sie bei vielen anderen Live-Sendungen – im Fußball und auch in anderen Sportarten – zum Einsatz.

Das Publikum mag sie, zumindest ein großer Teil. Auch hier gilt das Prinzip von »viel Feind, viel Ehr«.

Im Internet haben sich Gegner der Moderatorin formiert und eine Anti-Fanpage kreiert. Dort wird sie – wie üblich im Netz – anonym beschimpft. Sogar über die Haarfarbe der aparten, attraktiven Dame meinen die Herrschaften urteilen zu können und zu müssen. Als sie sich letzten Sommer blonde Strähnchen zulegte, wurde ihr das als Fehler vorgeworfen. Warum? Sie habe fast die gleiche Haarfarbe wie ihr Fußball-TV-Partner Oliver Kahn, lautete das Argument der selbst ernannten Stilexperten. Aha.

Ich finde, solange sie nicht die gleiche Frisur wie Olli Kahn hat, ist mit ihren Haaren alles in Ordnung.

Katrin Müller-Hohenstein sagte einmal, sie befasse sich grundsätzlich nur mit Kritik, deren Verfasser einen Namen hat – ein kluger Satz.

Als Moderatorin hat sie einen Stil, der mir gut gefällt. Sie macht immer einen sehr freundlichen Eindruck, stellt meistens gute Fragen und ist bestens vorbereitet. Sie versteht es außerdem, wirklich anders als die Männer zu fragen – was ich bei ei-

nigen anderen Fußballfrauen vermisse, die oft männlicher sein wollen als die Männer. Und sowieso alles besser und richtiger machen wollen. Katrin Müller-Hohenstein hat dagegen eine entspannte Ausstrahlung.

Manchmal macht sie einen leicht mütterlichen Eindruck, aber sie hat ja auch einen großen Sohn. Altbacken kommt sie dabei niemals rüber, sie wirkt vielmehr wie eine junge, sportliche Mutter. Durch ihre Art und ihr Alter, sie ist Jahrgang 1965, unterscheidet sie sich von den vielen jungen Fußball-Moderatorinnen wie Laura Wontorra oder Esther Sedlaczek, die gerade (allerdings mit Recht) auf dem Vormarsch sind.

Katrin Müller-Hohenstein ist eine erfahrene Frau und eine erprobte Journalistin. Aber sie muss ja auch nicht nur moderieren, denn sie wurde vom ZDF zudem mit der sicher nicht einfachen Aufgabe betraut, bei Fußballübertragungen den nicht gerade handzahmen Experten Oliver Kahn im Zaum zu halten.

An der ein oder anderen Stelle lässt Kahn in den Sendungen schon mal durchblicken:»Mädchen, halt dich zurück. Ich weiß alles, und du kannst die Fragen dazu stellen. Gib aber bitte keine Meinung darüber ab, ob der Torwart daneben gegriffen hat oder nicht. Das ist meine Sache!«

Ich finde, Katrin Müller-Hohenstein löst solch schwierige Situationen immer sehr elegant – und das, obwohl sie nie im Tor gespielt hat. Mit ihrem Charme und ihrer Freundlichkeit schafft sie es, Kahn soweit zu zähmen, dass er einen Gang zurückschaltet und sich in seiner Fußballprofessor-Art selbst wieder einfängt. Das ist eine starke Leistung von ihr. Denn ich weiß, wie verbissen Oliver Kahn sein kann.

Vor langer Zeit moderierte ich bei RTL die »Anpfiff«-Sendungen, in denen Kinder gegen Bundesliga-Torhüter live Elfmeter schießen durften, für jeden verwandelten bekamen sie 200 DM (also 100,- Euro – für alle, die nicht wissen, was die DM war) für ihre Mannschaftskasse. Damals lernte ich Oliver Kahn in Karlsruhe kennen. Ein junger Hüne kam auf mich zu, er war damals noch ein unbekannter Ersatztorhüter. Die Kleinen liefen an und schossen, und Oliver Kahn hielt erbarmungslos alle fünf Elfmeter. Er war nicht bereit, auch nur einen durchzulassen. So ist Oliver Kahn. Viele Jahre später, nach dem gewonnenen Champions-League-Finale gegen Valencia – Kahn hatte im Elfmeterschießen für den Titel der Bayern gesorgt –, fragte ich ihn in einem Interview, warum er damals den Kindern keine Chance gelassen hatte. Seine Antwort: »Ich konnte mir doch nicht vor einem Millionenpublikum von Kindern die Bude vollhauen lassen!«

Irgendwie habe ich ihn dann verstanden. Katrin Müller-Hohenstein musste überhaupt schon manche schwierige Situationen meistern. Etwa bei der EM 2012 in Polen und der Ukraine, als der Sender die glorreiche Idee hatte, sein Studio an den Strand von Usedom zu verlegen. Unter freiem Himmel, oft bei starkem Wind, vor gelangweiltem Publikum, jeder einzelne Zuschauer mindestens so alt wie ich und damit knapp unter dem ZDF-Durchschnittsalter – und vor allem weit weg von den Fußball-Stadien. Es war ein Location-Flop der allerersten Güte und eine unglückliche Aufgabe für Katrin Müller-Hohenstein, die die Live-Sendung zusammen mit dem sperrigen Oliver Kahn über die Bühne bringen musste.

Natürlich hagelte es polemische Verrisse: »Rentner-Spektakel mit Fernsehgarten-Atmosphäre«, höhnte zum Beispiel der »Stern«. Jedes größere Medium hieb mindestens einmal ordentlich drauf. Die Kritiken waren mehrheitlich gemein und so übertrieben, dass sich die Moderatoren explizit gegen die Attacken wehrten. »Es gibt Vertreter in den Medien, die Häme und Respektlosigkeit mit sachlicher Auseinandersetzung verwechseln«, sagte Katrin Müller-Hohenstein damals.

Damit hatte sie Recht. Und ich wünsche ihr, dass ihr das ZDF bei künftigen Fußballturnieren das Leben leichter macht. Nicht, dass man das WM-Studio zur WM in Brasilien in Castrop-Rauxel produziert.

FRAGE 2 1934 ...

Diese zweite WM der Geschichte in Italien wurde nach welchem Modus ausgetragen?

A. Vier Gruppen à vier Mannschaften, die ersten zwei kamen weiter, danach K.o.-Runden.

B. Alle Spiele wurden – wie in der Bundesliga – nach Punkten bewertet. Jeder gegen jeden.

C. Zwei Gruppen à acht Mannschaften, die jeweils ersten vier kamen in die K.o.-Runden.

D. Es war wie im DFB-Pokal, jedes Spiel war ein K.o.-Spiel.

ITALIEN WM 1934

TOM BARTELS
DIE ALLZWECKWAFFE

JAHRGANG 1965

Geboren in Celle
Nach der Schulzeit machte er erst einmal eine Banklehre, bevor er
an der Kölner Sporthochschule Publizistik studierte. Seine Karriere
begann er als Sportreporter beim WDR.

BERUFLICHE LAUFBAHN

1996	Reporter und Kommentator bei RTL
2001	kommentiert UEFA-Champions-League-Spiele
2003-2006	Reporter beim PAY-TV-Sender Premiere
2006	Wechsel zur ARD, Kommentator der »Sportschau«

Am 29. Juni 2008 kommentierte er das Finalspiel der Fußball-
Europameisterschaft in Wien. Neben Sport- moderiert er auch
Unterhaltungssendungen wie » Deutschlands größter Gedächtnis-
test« in der ARD.
2011 wurde er mit dem »HERBERT-Award« in der Kategorie »Bester
Sport-Live-Kommentator« ausgezeichnet.

Tom Bartels habe ich in den 90er-Jahren bei RTL kennengelernt. Ich erinnere mich noch gut an den ersten Kontakt mit ihm. Damals spielte der AC Mailand in der Champions League gegen Ajax Amsterdam. Das Spiel fand in Triest statt, weil der AC Mailand eine Platzsperre verbüßte. Ich war der Kommentator der Spielzusammenfassung und Tom war mein so genannter MAZ-Redakteur, das heißt: Er musste die wichtigsten Szenen zusammenschneiden. Also alle Tore aus verschiedenen Blickwinkeln, strittige Situationen. Das machte er hervorragend und ich dachte: Wow, so einen habe ich noch nie gehabt! Allerdings betraf das auch seine kulinarischen Angewohnheiten. Unsere gesamte Redaktion speiste damals in einem eleganten Fischlokal am Meer, die edelsten Fische wurden zubereitet – lediglich Tom legte Wert darauf, nur Pommes frites serviert zu bekommen. Für seinen Job war das natürlich völlig unwichtig, denn Tom begriff so schnell, worauf es ankam, er hatte einfach Fußball im Blut. Irgendwie in Leder geboren. Ich weiß noch, dass ich in Köln zum damaligen RTL-Sportchef Burkhard Weber gegangen bin und ihm gesagt habe: »Der Junge wird mal einer, ganz sicher.« Schön, wenn man auch mal Recht behält.

Er brachte einfach alles mit, was man in diesem Beruf braucht – zum Beispiel Wortgewandtheit und die Fähigkeit, Zusammenhänge zu erfassen. Er versteht viel von

Fußball und nimmt sich selbst dabei nicht so wichtig. Oft denken wir Reporter ja, wir seien selber ein Teil des Spiels. Tom geht offen auf die Trainer und Spieler zu, er kann eine Ebene mit ihnen herstellen. Für meinen Geschmack ist er manchmal schon fast ein bisschen zu nah dran – getreu dem Motto: Du bist Fußballer, ich bin es auch. Aber so ist Tom. Er hat einfach ein großes, natürliches Interesse am Fußball. Es ging ihm immer schon um die Sache und nie darum, vielleicht einmal ein berühmter Sportkommentator zu werden. Ich glaube aber, dass seine Freude darüber, dass er es jetzt doch geworden ist, riesengroß ist.

Irgendwann kam dann Marcel Reif zu RTL, die beiden konnten von Anfang an gut miteinander. Man kann sagen, dass Marcel Reif Toms Mentor und Vorbild wurde, Tom hat viel von ihm gelernt. Sein Stil ist sehr sachlich, er ist immer bestens vorbereitet. Er hat dabei aber nichts Überhöhtes wie Marcel Reif, bei dem es manchmal ins Politische oder Soziale abdriftet. Tom ist komplett an der Sache Fußball orientiert. Er beherrscht sogar etwas so Altmodisches wie die journalistische Grundtugend der Recherche. Die ist leider – nicht nur im Sport – aus der Mode gekommen.

Als er damals bei RTL anfing, auch Skispringen zu kommentieren, absolvierte er ein kleines Privatstudium in diesem Sport: Statistiken, Stile, Namen – er eignete sich so gut wie alles an, was man über Skispringen wissen kann oder muss. Letztlich hatte man das Gefühl, er sei selber schon als Kind von einer Schanze gesprungen. Dabei hat der Mann, der aus der Nähe von Osnabrück stammt, früher in der Fußballwinterpause, wenn die Plätze zugeschneit waren, sicher laut über die weiße Pracht geschimpft. Mit derselben Einstellung und Detailliebe geht er selbstverständlich auch an ein Fußballspiel heran. Bei RTL war er beliebt, er galt aber auch als sehr öffentlich-rechtlich in der Kommentierung. Damit war gemeint: sachlich, verbindlich, weniger emotional als im Privatfernsehen gewünscht. Böse Zungen sagen: ein bisschen langweilig. Oder anders ausgedrückt: Für die Privaten war Tom im Grunde nicht bunt, schrill, aufgeregt und aufregend genug. Für mich war es deshalb eine logische Fügung, dass er 2006 zur ARD gewechselt ist. Und es hat ja auch gut gepasst. 2008 durfte er schon das Europameisterschafts-Endspiel kommentieren.

Ich sehe in Tom Bartels eine Art Gegenentwurf zu dem sehr wortreichen Wolff-Christoph Fuss. Tom denkt sich keine Sprüche aus, er würde niemals Dinge wie »Hasta la vista, Bayern finalista« sagen. Marcel Reif habe versucht, ihm zu vermitteln, dass der Kommentator »nicht der wichtigste Mann des Abends« sei, hat er einmal gesagt. Und an diese Maxime hält sich Tom. Er versucht, dem Zuschauer nützliche Zusatz-Informationen zu liefern, das Spiel zu analysieren, ohne sich dabei als kommentierender Star aufzuspielen.

Toms Art ist zwar sehr konsensfähig, das schützt aber auch ihn nicht vor harter Kritik in Internetforen. Wenn Tom Spiele der Nationalmannschaft kommentiert, wirft man ihm schon mal vor, er stehe nicht enthusiastisch genug auf der Seite der Deutschen. Das hängt damit zusammen, dass Tom bei aller Nähe zu Spielern und Trainern und bei aller Liebe zum deutschen Team immer auch versucht, Journalist zu bleiben und aus kritischer Distanz zu berichten. Und das kann dazu führen, dass er Fehler der deutschen Spieler so klar und deutlich anspricht, dass die Fans vor den Fernsehern gelegentlich sauer werden.

Das etwa passierte beim EM-Finale 2008 gegen Spanien. Tom sagte ohne Umschweife, dass der Gegner besser spielte als Joachim Löws Mannschaft und dass der 1:0-Sieg der Spanier verdient war. Das wollten viele Leute aber gar nicht hören, und so übertrugen sie ihren Ärger über die Niederlage auf den Kommentator: Tom Bartels habe keine Ahnung, er rede den Gegner stark und solle doch nach Spanien gehen, war im Netz zu lesen.

Dabei hätte es Tom in einem südeuropäischen Land mit seiner Art sehr schwer. Übertriebenes emotionales Kommentieren ist absolut nicht seine Sache. Wenn ein Spiel aufregend verläuft und er sich entschließt, mitzugehen, seine Worte mit Emotion zu unterlegen und etwas lauter zu werden, dann wirkt das manchmal etwas aufgesetzt. Denn wer Tom privat kennt, weiß, dass er zwar ein sehr lustiger und unterhaltsamer Mensch ist, aber nie übertreibt oder gar über die Stränge schlägt. Persönlich (und darum geht es ja hier) halte ich Tom für einen der Besten unserer Zunft. Und ich bin mir sicher, dass er einer der prägenden Kommentatoren dieser Zeit ist.

Interessant ist auch, dass Tom seinen Ausflug in den Unterhaltungsbereich schnell beendete. Er moderierte die Bambi-Verleihung 2009 zusammen mit Katarina Witt und erntete dafür einige hämische Kritiken. Allerdings behaupte ich hier und heute: Er war einfach nur authentisch – und das passt nicht zur großen Show. So bleibt seine Bühne der Fußball. Außerdem könnte er mich langsam in die Altherrenmannschaft des Tennisclubs von Grün-Weiß Braunweiler berufen. Um diese kümmert er sich in seiner Freizeit – ich bin ihm als Tennisspieler wohl nicht gut genug. Dabei würde ich im Clubheim Pommes bestellen – wie er einst in Triest.

FRAGE 3 1938 ...

Bei dieser WM erzielte Ernst Willimowski vier Tore in einem Spiel. Aber für welche Nation?

A. Deutschland

B. Schweiz

C. Polen

D. Brasilien

FRANKREICH WM 1938

MARCEL REIF
DER INTELLEKTUELLE

JAHRGANG 1949

Geboren in Wałbrzych (Polen)
Er studierte Publizistik, Politikwissenschaften und Amerikanistik.

BERUFLICHE LAUFBAHN

1972	freier Mitarbeiter beim ZDF im Ressort »Politik«
1981–1983	Korrespondent im ZDF-Büro London
1984	Reporter und Kommentator in der ZDF-Sportredaktion
1991	Redaktionsleiter des »Sportspiegel«
1994	Wechsel in die RTL-Sportredaktion als Chefkommentator
1996–1997	Bereichsleiter »Sport« bei RTL
1999	Wechsel zum Pay-TV-Sender Premiere (später Sky) als Chefkommentator

Reif kommentierte diverse Finale der Fußball-Weltmeisterschaften und der UEFA Champions League. Von 1995 bis 2002 war er Lehrbeauftragter an der Deutschen Sporthochschule Köln und der TU in München. Für seine herausragenden Fußballkommentare erhielt er den »Deutschen Fernsehpreis« und den »Grimme Preis«.

Wie habe ich mich auf dieses Kapitel gefreut. Um es kurz zu machen: Er ist Gott. Ich weiß, das klingt reichlich übertrieben. Gut, dann ist er eben der Mercedes unter den Kommentatoren. Teuer ist er auf jeden Fall. Und einmalig ist er, vielleicht auch deshalb, weil ihn »einige« Zeitgenossen nicht mögen. In einschlägigen Gesprächsrunden wird er herbe kritisiert. Prima! Wenn das keine Auszeichnung ist! Ein Ritterschlag!

Denn was wäre ein Fußballreporter ohne Widerspruch? Langweilig! Nicht auszuhalten! Elender Bayernfan! Elender Bayernhasser! Wie falsch, Fußballfreunde. Wenn Marcel einen Verein anfeuert, dann den 1. FC Kaiserslautern und der spielt derzeit in Liga zwei und ein Marcel Reif kommentiert nicht im Unterhaus des Fußballs. Ohne Wenn und Aber: Marcel Reif hat Meilensteine gesetzt. Leuchttürme in der Sprache des Fußballs gebaut. Natürlich kommt auch er nicht an einigen Floskeln vorbei. Wie denn auch? Ein Ball bleibt ein Ball. Gut, er kann zur Kugel werden (für Marcel sicher schon zu militärisch). Manch einer macht ein Spielgerät daraus. Fälschlicherweise wird das Objekt der Begierde auch immer mal wieder Leder genannt (Kunststoff wäre richtiger, klingt aber sehr komisch) oder man spricht einfach vom Ding. Aber der Ball macht sich wenig daraus. Reif hat die Sprache kultiviert. Also die Fußballsprache. Die wirklich wichtigen Fußballblätter wie die FAZ oder die Süddeutsche Zeitung lieben ihn dafür. Ihm wird gehuldigt wie einem Poeten. Er gewinnt Fernsehpreise, wenn Tore umfallen oder wenn er Ricken auffordert, den Ball zu lupfen. Geschehen bei RTL bei einem Champions-League-Endspiel, das Borussia Dortmund in München (!) gewann. Nach der Aufforderung am Mikrofon lupfte Lars Ricken den Ball ins Tor. Es folgte ein langes »Jaaaaaaaaaa....« vom Reporter. Ein Urschrei. Die Mischung aus Poesie und Einfachheit. Ein Gefühl des Triumphes auch für den Kommentator. Er hatte in diesem Augenblick das Spiel richtig gelesen. Es ist so, als ob man selber das Tor erzielt hätte. Na ja, fast. Marcel kann sich begeistern. An gutem Fußball. An sehr gutem Fußball. An Gourmetrestaurants, die eine erstklassige Küche haben. Bei Marcel sollte alles erstklassig sein. Er gibt sich mit der bürgerlichen Kost nicht zufrieden. Unter Kollegen gibt es den bösen Spruch, dass er deshalb nicht so gerne Spiele aus Schalke überträgt. Einfach zu wenige Sternerestaurants findet man in Gelsenkirchen (was auch nicht so ganz richtig ist!) und der Fußball ist auch eher einfach strukturiert. Sicher nur ein dummes Gerücht.

Viele der jungen Kollegen unserer Zunft haben sich an ihm orientiert. Ein Tom Bartels (heute ARD) gehört sicher dazu. Bei RTL haben die zwei einst zusammengearbeitet. Marcel Reif hat dort für einige Zeit den Sportchef gegeben und gemerkt, dass die Administration so entsetzlich wie ein Abstiegsspiel sein kann. Deshalb hat er diesen Job dann auch schnell wieder an den Nagel gehängt, um einfach das zu machen, was er am besten kann: Fußball kommentieren. In der RTL-Zeit hatten wir beide viele Berührungspunkte. Marcel hat mich sogar mal überredet, den Formel-1-Chef bei RTL zu spielen. In dieser Funktion musste ich aber schnell erkennen, dass Autos mich ziemlich kaltließen. Fast zeitgleich räumten wir unsere Sessel. Ich hatte aber das Vergnügen, mit ihm zusammen Fußball zu kommentieren. Hallenmasters aus München. Selbst in der Halle fand er noch elegante Formulierungen, währenddessen ich einfach nur nach Schalke klang. Unterschied: Siehe oben im Text.

Dennoch hat auch Marcel dunkle Stunden erlebt. In seiner Anfangszeit beim ZDF nannte ihn Beckenbauer »den Zauberer« und sprach ihm schlicht jegliche Kompetenz ab. Auch ein Kaiser (und vielleicht sogar der ganz besonders) kann ja mal irren. Der übelste Moment im Reporterleben von Marcel Reif war bestimmt der, als er einen tollen Werbevertrag bei der Bitburger Brauerei unterschrieben hatte. Für einen solchen Werbevertrag bekommt man schon ordentlich viel Geld. Also nicht der Moment der Unterschrift war bitter – ganz bestimmt nicht –, sondern der, als Marcel Reif ein wichtiges Spiel der Champions League bei RTL kommentierte. Fakt: RTL lebt von der Werbung. Halbzeit. Die Werbeinsel läuft und läuft. So etwa sechs Minuten lang. Übrigens: Wer glaubt, es gebe immer mehr Werbung im TV, der irrt. Der Gesetzgeber lässt nur 20% der Sendezeit als Werbung zu. Pro Stunde also 12 Minuten. Der letzte Spot in diesem Block: Die Bierwerbung mit Marcel. In dieser Werbung pries der Kommentator genussvoll den Gerstensaft an. Ist ja auch nichts dagegen zu sagen bei einem sechsstelligen Honorar. Ich würde für eine solche Summe übrigens auch für fast alles Reklame machen. Dumm nur, dass der Schiedsrichter der Partie offensichtlich kein Biertrinker war. Er pfiff einfach das Spiel wieder pünktlich an, ohne auf das Ende der Bierwerbung zu warten. Bei RTL flimmerte also die Werbung über den Bildschirm – und im Stadion fiel ein Tor. Wenig später meldete sich der Kommentator mit der Nachricht, dass der geneigte Zuschauer zwar jetzt wüsste, welches Bier am leckersten sei, dass er aber zwischenzeitlich ein Tor verpasst hätte. Marcel Reifs Erklärung wirkte etwas kleinlaut – obwohl er nun wahrlich nichts für dieses Unglück konnte. Lediglich der Zuschauer, das unbekannte

Wesen, sah das ganz anders. Bei RTL brachen die Telefonleitungen zusammen. Der Reporter sei schuld, dass man ein Tor nicht gesehen habe und dieses komische Bitburger Bier würden die Anrufer im Leben nicht mehr trinken. Von signifikanten Umsatzeinbußen der Brauerei aus der Eifel war später allerdings nichts zu hören. Es begann aber in Deutschland in diesen Tagen eine lebhafte Diskussion darüber, ob der Fußball in Deutschland zu kommerziell geworden sei. Komisch, mir war schon lange klar, dass Fußball Entertainment (auch ...) sei und dass man Sponsoren und zusätzliche Einnahmen vom Fernsehen brauchte, um den Herren Fußballern die großen Gagen zahlen zu können.

Ein natürlicher Kreislauf. Vielleicht lag in dieser Zeit auch die Geburtsstunde der Ultras. Den Bewahrern des Kulturguts Fußball. Aber gehörte Bier nicht immer schon zum Fußball dazu? Ist es nicht auch ein flüssiges Kulturgut? Marcel hat alle Schlagzeilen um seine Person immer unbeschadet überstanden. Selbst als die Boulevardpresse sich über seine Ehe und eine neue Freundin ausließ. Aber mit diesen Geistern muss ein Starreporter leben. Das ist nicht immer ganz einfach, denn das Publikum saugt alle diese Sachverhalte auf und da kann es passieren, dass ein ganzes (oder halbes) Stadion grölt »keine Ahnung, keine Ahnung ... Marcel Reif«. Das haben sie in Dortmund immer gerne gesungen, wenn die einheimische Borussia ein Tor geschossen hatte und man wusste, dass Marcel gerade mal wieder live im Stadion ein Spiel kommentierte. Glauben Sie mir, man registriert das als Reporter. Man bekommt das mit. Man ist irritiert, man fühlt sich ungerecht behandelt. Man wird aggressiv und darf es den Zuschauer nicht spüren lassen. In solchen Situationen habe ich Marcel immer bewundert. Ich war jedenfalls schwer verunsichert, wenn schon mal in einem Stadion gerufen wurde: »Ulli Potofski ist homosexuell!« Marcel kommentierte trotz der erwähnten Sprechchöre mit einer gewissen Bierruhe weiter – vielleicht lag das ja auch an dem schon genannten Werbevertrag.

Manchmal war er mir einen Tick zu negativ. Persönlich beleidigt, wenn das Spiel nicht seinen hohen persönlichen Ansprüchen genügte. Das ist dann der Moment, wo sich Zuschauer an den Computer setzen und den Kommentator beschimpfen. Oft unflätig. Gelegentlich mit Worten, die Marcel nicht einmal kennt. Dabei ist er ein Fremdsprachengenie. Diverse Sprachen beherrscht er wie kaum ein anderer. Das Feuilleton liebt ihn dafür. Das Problem: Das normale Publikum in Schalke oder Dortmund kennt diese Zeitungsseiten kaum. Dies bildet sich seine Meinung eher aus dem dezent angedeuteten Boulevardblatt. Obwohl auch diese Zeitung und ihre Ableger (Sport Bild) sich immer wieder mit dem Erste-Klasse-Kommentator Marcel Reif beschäftigt haben. Es gab Umfragen, es gab Leserbriefaktionen und stets konnte man das Gefühl haben: Dieser Mann polarisiert. Er bewegt. Er regt zum Nachdenken an – und welcher Sportreporter hat das schon geschafft? Nicht viele!

Zu den größten Leistungen von Marcel Reif zählt, dass er einst im ZDF die kritische Sportsendung »Sport-Spiegel«

begleitete. Ein unbequemes Sportformat, wie man es heute kaum noch findet (Ausnahme: »Sport Inside« im WDR und »Inside Report« bei Sky Sport News HD). Eine Sendung, die hinter die Kulissen schaute. Viel mehr bot als ein lausiges 1:0. Das hat Marcel Reif sicher auch geprägt. Deshalb kann man ihn angreifen, deshalb kann man ihn lieben, mögen oder nicht mögen – aber er ist nie langweilig, selten angepasst. Vielleicht bezahlen einige Leute nur für ihn beim Pay-TV-Sender Sky ihre Gebühren – sollte es so sein, dann ist er jeden Cent wert, den er dort bekommt. Auch wenn er schon für sein Lebenswerk einen »MIRA Award« erhalten hat und sein Freund Günther Jauch bei dieser Gelegenheit lustig, aber voller Respekt über Marcel Reif herzog – er möge uns noch lange erhalten bleiben. Denn er ist ein Unikat. Kein Gott – aber jemand, an den man glauben kann.

PS: Unglaublich fast, was ich neulich der Presse entnehmen durfte: Marcel Reif hat Sportreportern in Nord-Korea Nachhilfeunterricht gegeben. Die Nord-Koreaner möchten von ihm lernen, wie man besser mit Emotionen umgeht. Wie man beim Kommentieren temperamentvoller wird – und das bei einem Volk, das auf Kommando weinen kann, wenn der große Führer mal wieder verstorben ist. Keine leichte Aufgabe. Aber wenn das einer kann, dann Marcel Reif. Ich werde demnächst viel nord-koreanisches Fernsehen schauen, um die Verbesserungen der Kollegen zu überprüfen. Es kann aber sein, dass mein Koreanisch derzeit nicht gut genug dafür ist.

FRAGE 4 1950 ...

Die Fußball-WM 1950 in Brasilien hatte etwas ganz Besonderes und Einmaliges zu bieten. Nein, es geht nicht darum, dass Deutschland nicht dabei war ...

A. Die Inder wollten ohne Fußballschuhe antreten. Barfuß!

B. Jedes Spiel besuchten mehr als 100.000 Zuschauer!

C. Nach dem verlorenen Endspiel Brasilien gegen Uruguay brachten sich mehr als 100 Brasilianer um!

D. Es gab gar kein Endspiel bei dieser Weltmeisterschaft.

WWW.GTVH.DE/WM-GEWINNSPIEL

BRASILIEN WM 1950

BÉLA RÉTHY
DER POLYGLOTTE

Jahrgang 1956

Geboren in Wien
Nach dem Abitur studierte er in Mainz Publizistik, Soziologie und Ethnologie.
Nebenbei arbeitete er im Sportarchiv des ZDF und wurde später freier Mitarbeiter der Sportredaktion.

BERUFLICHE LAUFBAHN

1987	beginnt er als Redakteur in der Sportredaktion des ZDF und arbeitet bis heute dort
1991	erster Fußball-Live-Kommentar
1996	kommentiert er das Finale der Fußball-Europameisterschaft, weitere folgen

Für seine Fußball-Live-Kommentare und seine emotionalen Reportagen wurde er 2006 und 2008 mit dem »HERBERT-Award« ausgezeichnet.
Béla Réthy spricht neben Deutsch fünf weitere Sprachen: Ungarisch, Portugiesisch, Englisch, Französisch und Spanisch. Er unterstützt als Botschafter die Initiative »Respekt! Kein Platz für Rassismus«.

Der Mann ist unscheinbar. Wenn er auf einen zukommt, dann übersieht man ihn gelegentlich einfach. Wenn er spricht, dann hört man ihm zu. Seine Stimme ist markant. Sie klingt nach Metall. Irgendwie auch nach Science Fiction. Wie aus einer fernen Fußball-Galaxie. Sein Wesen gebildet und elegant, seine Sprache geschliffen und überlegt. Ein Mann, der Publizistik, Soziologie und Ethnologie studiert hat. Einer, der neben Deutsch perfekt Ungarisch, Portugiesisch, Englisch, Französisch und Spanisch spricht, verdient seinen Unterhalt mit Fußballreportagen. Was hätte aus diesem Mann alles werden können?

Dann bricht er los, der Shitstorm im Internet. Zitate: »Immer wieder der gleiche Quatsch von Béla Réthy.« Username: Haberecht 21. »Er teilt mir nur unnützes Wissen mit. Kann man ihn nicht in die Redaktion schicken oder in die Regie? Schlimm, echt schlimm!« Username: Michlaustderaffe. »Geschwafel, nichts als Geschwafel. Kann man den nicht auswechseln? Diese Machtlosigkeit frustriert!« Username: machtfürimmer. »Wir bezahlen die GEZ-Gebühren nicht dafür, dass wir dieses geistfreie und unqualifizierte Gerede hören müssen. Béla weg!« Username: Lafontaine. »Schwachmat! Dummschwätzer! Nichtsraffer!« Username: Geißbock.

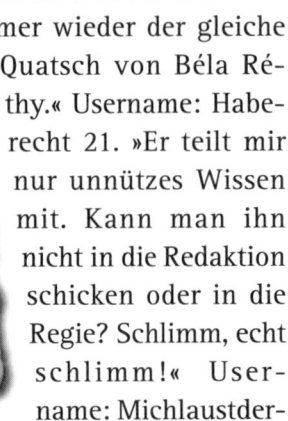

Jetzt höre ich Sie beim Lesen dieser Zeilen stöhnen: »Eine Krähe hackt der anderen auch kein Auge aus!« Oder:

»Der Arzt schützt den anderen Arzt auch im Todesfall des Patienten!« Falsch! Der Reporter kann ausschließlich oder fast nur ausschließlich subjektiv beurteilt werden. Objektiv können nur Fehler wie Spielerverwechslungen oder gegebenenfalls Regelirrtümer oder falsche Daten und Fakten vorgeworfen werden. Der Rest ist subjektiv. Dass Sie meistens ein Spiel subjektiv sehen, weil Sie Anhänger von Bayern, Schalke oder Rot-Weiss Essen sind (wie komme ich jetzt eigentlich auf einen Regionalliga-Verein?), werden Sie hier kaum abstreiten können. Wir dagegen sind zur Objektivität verpflichtet – und Sie ärgern sich deshalb oft über unsere objektive Einschätzung bei Fouls ihrer Lieblingsmannschaft – weil Sie eben kein Foul erkannt haben.

Aber zurück zum Kollegen Béla Réthy. Der 56-jährige Kommentator ist seit 21 Jahren dabei, und er hat so schöne Vergleiche gezogen wie diesen über den FC Barcelona, als die Erfolge der Mannschaft etwas schwanden. »Die Truppe kommt mir vor wie eine erfolgreiche Rockband, die seit Jahrzenten die Charts gestürmt hat und inzwischen ihre eigenen Lieder nicht mehr hören kann.« In der Tat, das war eine schöne Metapher. Wobei ich mich frage, welche Band er meint. Die Rolling Stones können es ja nicht sein.

Unglaubliche 16 oder 17 Millionen Menschen hören einem Kommentator bei einem Champions-League-Finale zu. Bei einem WM-Endspiel sogar mehr als 20 Millionen. Réthy war 2002 in Yokohama zuständig für das Endspiel Deutschland gegen Brasilien. Deutschland verlor und manch einer gab danach dem Kommentator die Schuld. Tatsächlich ist es so, dass man als Kommentator in der Bundesliga, wenn man mehrfach als Sky-Reporter die Niederlage(n), na, sagen wir mal von Eintracht Braunschweig (es ist wirklich nur ein Beispiel!), begleitet hat, von den Fans und den Offiziellen schief angeschaut wird. Um mit Jürgen Klopp zu sprechen – man ist dann ein Seuchenvogel.

Im Internet bricht dann gelegentlich auch ein Shitstorm los, einige Beispiele – eher harmlose – habe ich ja vorher aufgeführt. Dann gilt es für den Kommentator, Charakter zu beweisen. Dann räumt man gegebenenfalls kleinere Fehler ein und sagt dann Epochales wie: »Solange mich der Shitstorm nicht wegbläst!« Die Rettung oder die Rehabilitierung kommt dann oft unverhofft. Hilfreich kann sein, wenn Franz Beckenbauer etwa sagt: »Das hat er schon ganz gut gemacht« (ein ganz großes Lob vom Kaiser!), oder wenn ein Fußballer wie Robert Koch von Dynamo Dresden im Bundesliga-Magazin schreibt: »Unter den Kommentatoren ist Béla Réthy der beste. Er gehört schon seit Jahren zu den Kompetentesten seines Berufes. Ich fühle mich durch seine Art des Kommentierens stets gut unterhalten.«

Ein Profi sollte das eigentlich wirklich gut beurteilen können. Vor dem Endspiel 2013 in der Champions League fragte die Sport Bild übrigens über Facebook: Wer soll das Finale kommentieren? Die Antwort auf der Plattform fiel eindeutig aus: 81 Prozent Wolff-Christoph Fuss (Sky), 8 Prozent Béla Réthy (ZDF), 5 Prozent Kai Dittmann (Sky), 3 Prozent Marcel Reif (Sky), 2 Prozent Fritz von Thurn und Taxis (Sky), 1 Prozent Oliver Schmidt (ZDF). Schön, wenn man viele Freunde hat.

Ich, Ulli Potofski, erreichte übrigens 0 Prozent, stand aber auch nicht zur Wahl – Gott sei Dank, sonst hätte ich mich noch bei meinen Wählern bedanken müssen.

Sicher bin ich mir, dass Béla Réthy noch viele Spiele

für das ZDF kommentieren wird – und aus meiner Sicht völlig zu Recht. Jetzt aber bitte keinen Shitstorm deshalb erzeugen ...

FRAGE 5 1954 ...

In diesen Tagen lesen wir ja wieder von den hohen Prä-
mien, die jeder Spieler bekommt. Wenn »wir« Weltmeister
werden sollten. Das sind schon gewaltige Summen, aber
was haben eigentlich unsere Helden von Bern 1954 für
den ersten deutschen WM-Titel bekommen?

A. 10.000,- DM

B. 1.000,- DM

C. 20.000,- DM

D. 500,- DM

WWW.GTVH.DE/WM-GEWINNSPIEL

SCHWEIZ WM 1954

ERNST HUBERTY
DER GESCHEITELTE

JAHRGANG 1927

Geboren in Trier
Nach dem Kriegsende holte er sein Abitur nach und studierte dann
Philosophie und Germanistik. Seine ersten journalistischen Schritte
machte er bei der Koblenzer Zeitung, wo er volontierte.

BERUFLICHE LAUFBAHN

1950	Sportreporter beim Südwestfunk in Baden-Baden
1956	Moderation seiner ersten Fernsehsendung »Sport am Montag«
1957	Wechsel zum WDR
1961	ist er der erste Moderator der ARD-»Sportschau«
1970	Leiter der Abteilung »Sport« beim WDR
1990	Wechsel zum Pay-TV-Sender Premiere
2002	Wechsel zu SAT.1 für ein Spiel als Reporter

Huberty war lange Zeit Hauptmoderator der ARD-»Sportschau«,
daher nannte man ihn auch »Mister Sportschau«. Er kommentierte
in der Zeit von 1960 bis 1982 viele große Sportereignisse als Live-
Reporter.
2011 erhielt er für sein Lebenswerk den »HERBERT-Award«.

»Boninsegna und Tor (Pause), es ist genau die siebente Spielminute ... Noch eine Möglichkeit. Grabowski .... Schnellinger! Nein, nein, nein, Schnellinger! Tor durch Schnellinger, unglaublich. Ausgerechnet Schnellinger, werden die Italiener sagen. Ausgerechnet Schnellinger. Es ist nicht zu glauben.«

Das waren Reportageauszüge im Wortlaut von Ernst Huberty.

Schnellinger hatte in der 90. Minute den Treffer zum 1:1 zwischen Deutschland und Italien im Halbfinale der WM 1970 im Aztekenstadion Mexico City geschossen. Die Partie sollte 4:3 nach Verlängerung für Italien enden und als Jahrhundertspiel in die Fußball-Geschichte eingehen. Auch die Worte des ARD-Kommentators Ernst Huberty wurden legendär. Ausgerechnet Schnellinger ...

Karl-Heinz Schnellinger aus Düren war ein Vorreiter in Sachen Fußball-Globalisierung, er spielte damals schon für den großen AC Mailand. Das war neu und mutig. Uwe Seeler hatte eine lukrative Offerte von Inter Mailand abgelehnt. Italien war für viele Deutsche Terra incognita. Pizza und Pasta hatte der Teutone noch nicht in seinen Speiseplan integriert.

Und ausgerechnet dieser avantgardistische Herr Schnellinger erzwang die Verlängerung gegen die Mannschaft seiner Wahlheimat Italien. Huberty brauchte nur wenige Worte (siehe oben), um die Pikanterie der Situation herauszustellen. Ausgerechnet Schnellinger ...

Es waren andere Zeiten. Der Kommentator hielt sich vornehm zurück. Minimalismus war die Maxime der Journalistengeneration Huberty. Niemand wäre in jener Zeit auf die Idee gekommen, laut zu brüllen.

Wer nun einwirft, Herbert Zimmermann sei aber ziemlich enthusiastisch zu Werke gegangen, als er das 54er-Endspiel zwischen Deutschland und Ungarn kommentierte, der muss bedenken: Zimmermann war fürs Radio tätig, dessen Stil immer schon lebhafter war. Sein Kommentar wurde nachträglich über die Fernsehbilder gelegt und in den Wochenschauen der Kinos gezeigt. Das hieß damals FOX TÖNENDE WOCHENSCHAU oder WELT IM BILD.

Vieles war in Hubertys aktiver Reporterzeit anders als in der heutigen digitalen Fernsehwelt. Warum sagte Huberty so oft Schnellinger? Die Antwort ist einfach: Wahrscheinlich musste er sich selbst erst davon überzeugen, dass der Italien-Legionär tatsächlich der Schütze des Ausgleichs war. Huberty saß ganz oben in dem riesigen Stadion der mexikanischen Hauptstadt, die Spieler waren aus dieser Distanz kaum voneinander zu unterscheiden. Viele Jahre später, nämlich bei der WM 1986, saß ich in dieser enormen Schüssel zusammen mit 120.000 Zuschauern und musste feststellen, wie winzig klein ein Maradona sein kann. Allerdings ist der auch wirklich nur knapp 1,70 Meter groß. Fakt ist: Aus dieser Entfernung muss man manches zweimal sagen.

Zudem waren die Fernsehbilder 1970 schwarz-weiß und nicht besonders scharf, und auch die Zuschauer konnten sich nicht unbedingt sicher sein, wer das Tor denn nun geschossen hatte. Deshalb erwartete niemand vom Reporter, dass er sofort im Bilde sein musste.

Huberty, der Mann mit dem akkuraten Seitenscheitel, irrte sich aber auch in der prädigitalen Epoche selten. Er war immer sehr aufmerksam, korrekt und dezent. Der Grandseigneur des Fernseh-Sportjournalismus, Jahrgang 1927, moderierte jahrzehntelang die »Sportschau« und kommentierte Fußballspiele aus allen Teilen der Welt. Fast 4000-mal habe er im Fernsehen gearbeitet, schätzte er einmal. Auch sein etwas mysteriöser Abgang vom WDR konnte ihm nicht ernsthaft in der Öffentlichkeit schaden.

Nach seinem Abschied vom WDR feierte er in den 90er-Jahren ein Comeback am Mikrofon, als er Spiele bei Premiere, Vorgänger von Sky, kommentierte. Es sei eine große Wohltat, schrieb damals der Fernsehkritiker des Kicker, einen Mann wie Huberty wieder am Mikrofon zu hören. Er sei so ruhig, so besonnen, so anders als die jüngeren Kollegen. Er war schlichtweg ein Gegenentwurf. Ein Relikt aus einer anderen Epoche.

Die 90er-Jahre waren die Zeit, in der man im Fernsehen anfing, beim Fußball sehr viel lauter zu werden. Bei SAT.1, bei RTL, bei Premiere – fast überall. Huberty war das Kontrastmittel zu den damals aufkommenden Schreihälsen. Mit ihm kam jemand zurück ans Mikrofon, der bedächtig kommentierte. Und das empfanden viele Menschen als angenehm und erholsam.

Von seiner Erfahrung haben viele Nachwuchsjournalisten profitiert. Seit seinem Ruhestand ist Huberty als Ausbilder aktiv. Ob Tom Bartels, Sebastian Hellmann, Thomas Helmer oder Reinhold Beckmann – beinahe alle bekannten Fußballjournalisten haben Kurse bei Huberty besucht.

Ich finde das völlig in Ordnung, Huberty hatte und hat eine gute Art, sich den Menschen zu nähern. Ich muss in diesem Zusammenhang immer an Kurt Brumme denken, meinen ehemaligen Chef beim WDR-Radio. Der sagte oft: »Schreien Sie nicht so herum, was machen Sie eigentlich, wenn Sie das WM-Endspiel kommentieren, wie wollen Sie sich da noch steigern?« Dieser Satz könnte auch von Huberty stammen, und er ist heute aktueller denn je.

Natürlich hat sich der Fußball geändert, ist zum großen Event geworden. Da müssen die Reporter mitziehen und ein bisschen Show machen – jedoch innerhalb vernünftiger Grenzen. Doch wer will diese Schlagbäume an den Grenzen schon geschmackssicher aufbauen? Daran scheiden sich doch immer wieder die Geister.

Wenn ich mir manchmal anhöre, wie Zweit- oder gar Drittligaspiele kommentiert werden, denke ich wahlweise, die Welt geht unter oder der junge Pelé steht wieder auf dem Platz – so sehr wird übertrieben, werden mittelmäßige Begegnungen zu Weltsensationen aufgebauscht. Ein wirklich dramatisches Spiel wie das WM-Halbfinale von 1970 könnte, wenn es derart zugetextet würde, gar nicht mehr wirken. Es bestünde die Gefahr, dass es unterginge im Geschrei eines hyperventilierenden Reporters, dem die Superlative im Halse stecken blieben.

Ernst Huberty hingegen schrieb mit wenigen Worten Fernseh-Geschichte. Ausgerechnet Schnellinger. Es ist nicht zu glauben. Ausgerechnet Huberty!

FRAGE 6 1958 ...

Im Halbfinalspiel Deutschland gegen Schweden in Göteborg gab es eine unglaubliche Stimmung. Die schwedischen Fans setzten dabei ein Hilfsmittel ein, das man damals als sehr unfair empfand. Was war das?

A. Die Fans verstärkten ihre Anfeuerung durch Megafone!

B. Schwedische Trompeten dröhnten den deutschen Spielern um die Ohren!

C. Riesige Spruchbänder beschimpften die deutschen Spieler!

D. Schwedens Fußballfans entfachten Bengalos auf den Rängen!

SCHWEDEN WM 1958

FRANK BUSCHMANN
DER ORKAN

JAHRGANG 1964

Geboren in Bottrop
Vor seiner Medienlaufbahn spielte Frank Buschmann aktiv Basketball in der 2. Bundesliga. Seine ersten journalistischen Schritte
machte er in der Sportredaktion von »Radio Hagen«.

BERUFLICHE LAUFBAHN

1993-2013 Kommentator beim DSF (später Sport 1) für Basket-
ballübertragungen
Moderator der Sendung »Fantalk«
2006-2007 Kommentator beim Pay-TV-Sender Premiere
2009 Wechsel zu LIGA total als Fußballkommentator

Frank Buschmann fungiert als Kommentator bei der Pro 7-Sendung
»Schlag den Raab«. Zudem kommentiert er den Super Bowl der NFL
für SAT.1.
2013 wurde er mit dem »HERBERT-Award« als bester Sportkommentator ausgezeichnet.

Er ist für mich eines der ganz großen Phänomene unserer Zunft. Seine Reportagen sind wie ein Gewitter. Da schlägt auch schon mal der Blitz ein, oder der Kommentator entgleist. Nicht er, aber seine Worte. Beim Basketball sagt er dann schon mal bei einer nicht geglückten Aktion der deutschen Nationalmannschaft laut und deutlich: »S C H E I S S E« – nein, er sagt es nicht. Er brüllt es. Er schreit es heraus – als sitze er allein irgendwo auf der weiten Welt auf einer Toilette. Vor einigen Monaten hat er den »HERBERT-Award« gewonnen. Benannt nach Herbert Zimmermann, der einst auf unnachahmliche Art und Weise das Endspiel 1954 zwischen Deutschland und Ungarn zu einem 3:2-Sensationssieg kommentierte. Ein Vorbild für Generationen. Ob er sich wohl im Grabe umgedreht hat, ob des Preisträgers? Wohl kaum, wenn er wüsste, dass einige hundert deutsche Spitzensportler diesen Preisträger per Stimmabgabe bestimmen. Gibt es eine größere Auszeichnung, als von denen geehrt zu werden, über die man berichtet? Lieber Herbert Zimmermann, der Zeitgeist hat sich verändert. Sie mussten sich damals fast noch für ihre Begeisterung entschuldigen. Auch Sie waren ein Mann, der der Zeit enteilt war. Frank Buschmann kommt aus Bottrop. Das sagt schon einiges. Jürgen von Manger kam ebenfalls aus Bottrop. Da, mitten im Pott, ist man schon etwas direkter als in München, Stuttgart oder Passau. Die Sprache singt auch nicht. Sie dröhnt. Das stört sicher viele. Aber gerade bei Frank Buschmann gilt mal wieder 50 Prozent Zustimmung, 50 Prozent Ablehnung. Das ist ein perfekter Wert für einen Sportkommentator. Was mir persönlich besonders an ihm gefällt: Er lacht tatsächlich echt und unverfälscht bei seinen Reportagen. Denn Lachen beim Sport kommt nach meinem Geschmack immer noch zu selten vor. Selbstbewusst nennt er sein Internetprogramm »Buschi.TV« – und man muss sagen, dass dieses Programm wenig mit Busch.TV zutun hat.

Naturgemäß kommt man bei einem solchen Typ auch auf die Idee, ihn bei Unterhaltungssendungen einzusetzen. Ich durfte in einigen »Big Brother«-Staffeln bei RTL II die »sportlichen« Wettkämpfe der Kandidaten kommentieren und wurde dafür in einigen Foren scharf angegriffen. »Wie kann man sich nur so entblöden?« war dabei noch ein freundlicher Kommentar. Um es hier und heute ganz ehrlich zu sagen und zu schreiben: Mir hat das Spaß gemacht. Erstaunlicherweise hat es dafür auch noch ein ordentliches Honorar gegeben. Als freier Mitarbeiter bei TV-Sendern ist man nebenbei ganz froh, solche zusätzlichen Einnahme zu haben. Im Sommer ruht der Fußball, man verdient nichts und ist froh, wenn man vorher etwas ansparen konnte.

Frank Buschmann darf bei »Schlag den Raab« sein Unterhaltungstalent voll zum Ausdruck bringen und in den Foren lässt man ihn dafür auch hochleben. Generell ist Buschmann sicher ein Kind des Internets. Dort hört man ihn ebenfalls immer wieder und ein eigenes Format präsentiert er dort auch. Persönlich sind mir lachende Sportreporter erstmals 1985 aufgefallen, als ich mit meinem damaligen Kollegen Burkhard Weber (heute Sportchef bei Sky) Fußballspiele beim französischen Pay-TV-Sender

Canal plus beobachtet habe. Da saßen tatsächlich zwei (!) Kommentatoren am Mikrofon (gleichberechtigt!) und hatten unglaublich viel Spaß bei der Arbeit.

In einem Interview, und damit sind wir wieder bei der Sprache des Jahres 2014, wurde er als »abgewichste Sau« bezeichnet. Der eine oder andere von uns wäre bei einer solchen Bezeichnung vielleicht beleidigt gewesen. Buschmann antwortete aber nur *abgewichst*: »Genau das ist meine Lebenseinstellung.« Fakt ist: Damit ist er authentisch und ehrlich.

Auch ein hohes Gut in diesen Tagen. Dass Buschmann aber auch noch ganz andere Dinge kann, als nur Sport und Unterhaltung zu zelebrieren, konnte man 2002 auf zahlreichen Marktplätzen der Republik beobachten und hören. Sie denken an Ringkämpfe unter freiem Himmel oder Derartiges. Na ja, nicht ganz falsch. Frank Buschmann begleitete den Wahlkampf der SPD mit Gerhard Schröder. Das Vokabular glich damals dem eines Bundesligaspiels. »Meine Damen und Herren, der Kanzler betritt nun über die rechte Seite die Bühne. Begrüßen Sie in Mülheim an der Ruhr Gerhard Schröder!« Letzteres wurde unendlich gedehnt, so wie man es von Boxkampf-Reportagen kennt.

Darf man Derartiges machen? Ja! Wenn man SPD-Wähler ist – und ich gehe mal davon aus, dass Buschmann diese Partei auch wählt. Obwohl – in Bottrop gab es früher ein ziemliches Alleinstellungsmerkmal, dort saßen die Kommunisten im Stadtrat. Mein Sky-Kollege Thomas Wagner ist dazu der Gegenentwurf – er begleitete Angela Merkel zuletzt 2013 bei vielen Wahlkampfauftritten. Wofür Sportreporter nicht alles gut sein können! Ich warte jetzt gespannt auf ein Angebot der FDP für den nächsten

Wahlkampf. Dabei fällt mir auf: Ich wähle gar nicht die FDP. Und kann man mit der FDP eigentlich noch irgendetwas gewinnen? Aber ich schweife ab. Ziehen wir ein Fazit zu Frank Buschmann: Ja, er hat das Wort SCHEISSE benutzt, ja, er schreit manchmal.

Aber als ehemaliger Zweitligaspieler in Hagen hat er das Recht, beim Basketball lauter zu sein als jeder andere Sportreporter. In unserem technisch so tollen Zeitalter kann man ja auch noch zur Not den Lautstärkeregler leiser drehen.

FRAGE 7 1962 ...

Die Weltmeisterschaft in Chile fand ohne Österreich statt. Das wird den einen oder anderen nicht wundern. Aber es gab einen besonderen Grund dafür.

A. Acht Nationalspieler brachen sich beim Skifahren ein Bein und deshalb war man nicht wettbewerbsfähig.

B. Den Österreichern war die Anreise zu teuer.

C. Die Österreicher waren wegen eines Dopingfalles gesperrt worden.

D. Die Mannschaft kam zu spät in Chile an und wurde deshalb durch Kolumbien ersetzt.

CHILE WM 1962

RUDI MICHEL
DAS WEMBLEYTOR

JAHRGANG 1921

Geboren in Kaiserslautern
Michels Leidenschaft für den Sport begann als aktiver Fußballspie-
ler. Als gebürtiger Kaiserslauterer verfolgte er die Karriere des ein
Jahr älteren Fritz Walter von der Jugend an. Er war ein Kenner der
Fußballszene der 50er-Jahre.

BERUFLICHE LAUFBAHN

1948   Radioreporter beim Südwestfunk in Baden-Baden
1954   Reporter bei der Fußball-Weltmeisterschaft in der
            Schweiz
1954-1982   Fußballreporter bei allen Weltmeisterschaften
1962-1988   Hauptabteilungsleiter »Sport« beim Südwestfunk
            Baden-Baden

Rudi Michel war in den 60er-Jahren auch für die Organisation der
Übertragungen der Fußballweltmeisterschaften zuständig. Ein
technischer Kraftakt war die WM 1962 in Chile. Neben dem Fußball
galt seine Liebe auch der Tour de France – achtmal hat er sie in
den 50er- und 60er-Jahren begleitet.
2006 nahm er endgültig Abschied von der Sportberichterstattung
und wurde im gleichen Jahr mit dem FIFA Verdienstorden ausgezeichnet.
Rudi Michel verstarb 2008 im Alter von 87 Jahren.

Es gibt Menschen, denen sollte man sich stets nur mit großem Respekt nähern. Rudi Michel gehört ohne jeden Zweifel dazu. Er begleitete mich und Millionen von Fußballfreunden durch die 60er- und 70er-Jahre. Ein Gentleman vom Scheitel bis zur Sohle. Vor etwa 20 Jahren habe ich einmal an einer Podiumsdiskussion in Sinsheim teilgenommen. In einem Zelt. Hochsommer. Gefühlte 40 Grad Hitze. Luftfeuchtigkeit über 90 Prozent. Die Teilnehmer der Gesprächsrunde und die etwa 200 Zuhörer befanden sich in einer Sauna. Vorn am Mikrofon stand Rudi Michel. Dunkelblauer Anzug, Einstecktuch, weißes Hemd, schwarze blankgeputzte Schuhe, eine farblich perfekt abgestimmte Krawatte. Der Mann stand am Mikrofon und schwitzte keinen Tropfen. So wird er auch ausgesehen haben, als er 1966 wohl das legendärste Tor (oder besser: Nicht-Tor!) der WM-Geschichte kommentiert hat. Im WM-Endspiel Deutschland gegen England im Wembley-Stadion knallte der Engländer Hurst den Ball an die Unterkante der Latte. Tilkowski im deutschen Tor hatte keine Abwehrchance. Rudi Michel fasste die Jahrhundertszene in vier Worten zusammen: »Kein Tor! Oder doch?«

Die Tonlage dabei klang spannend, ohne dass man das Gefühl hatte, der dritte Weltkrieg sei gerade ausgebrochen. Im Jahr 2014 hat man diesen Eindruck ja durchaus auch schon einmal bei einem Zweitligaspiel zwischen – na, sagen wir mal – Sandhausen und Paderborn. Aber ausdrücklich: Nichts gegen die beiden Vereine! Im nicht vorhandenen Lehrbuch der Fußballreporter jedenfalls sollten diese Sätze von Rudi Michel stehen: »Ein Reporter ist der Sozius des Bildes.« Und: »Fußball ist die schönste Nebensache (!) der Welt.«

Gerade über den zweiten Satz kann man zwischenzeitlich heftig streiten. Aber im Zeitalter der Kommerzialisierung des Sports könnte man auf andere Gedanken kommen. Aber auch hier hatte Rudi Michel (übrigens bei oben genannter Saunadiskussion) schon einen sehr wesentlichen Gedanken laut ausgesprochen: »Wenn man glaubt, immer noch mehr Geld haben zu müssen, dann muss man auch mit den Folgen leben.« Er sagte aber auch: »Der Fußball lässt sich nur bis zu einer gewissen Grenze verändern!« Wie Recht er mit diesen weisen Sätzen doch hatte.

Bei besagter Diskussion im Zelt hat er mich einige Male als Vertreter des privaten TV hart angegriffen. Aber immer so, dass man ihm nicht böse sein konnte. Ganz im Gegenteil. Wir haben viel gelacht an diesem Tag in Rohrbach bei Sinsheim. Erstmals persönlich habe ich den  damaligen Chef für die WM-Übertragungen von ARD/ZDF bei der WM 1986 in Mexiko getroffen. Unvergessen: Er stellte sich vor als Teamchef der genannten Sender. Ich fragte ihn: »Wie viele Mitarbeiter haben Sie hier bei der WM aus Deutschland mitgebracht?« Er antwortete kurz und knapp: »Etwa 300« – um dann die Gegenfrage zu stellen: »Was machen Sie hier?« Lächelnd entgegnete ich: »Gestatten, Potofski. Teamchef RTL.« Etwas erstaunt schaute er mich an, um dann doch noch eine Frage zu stellen: »Mit wie vielen Mitarbeitern sind Sie hier?« Meine Antwort hat ihn dann doch etwas irritiert: »Mit keinem, ich mache hier alles alleine!« Es war 1986 tatsächlich so, dass

RTL ebenfalls das WM-Endspiel Deutschland gegen Argentinien übertrug. Da aber das Privatfernsehen damals noch in den ersten Kinderschuhen steckte und wir tatsächlich über kein Geld verfügten, war Ulli Potofski eine wirkliche One-Man-Show bei dieser WM. Ich kommentierte, moderierte, führte Interviews und machte Filme. Das ging damals wirklich noch so – und der große Rudi Michel hatte tatsächlich ein leichtes, respektvolles Funkeln in seinen Augen – er wusste um die Bedeutung, wenn man alles allein machen musste.

Bei Rudi Michel ging es nie um die Sensation, sondern tatsächlich um den Fußball. Das erkannte sogar die FIFA und verlieh ihm ihren Verdienstorden. So eine Auszeichnung hätte ich auch mal gerne. Sie wird mir aber für alle Zeiten verwehrt bleiben, weil ich Sepp Blatter einmal auf einer Bühne bei der Weltfußball-Gala ziemlich beleidigt habe. Aber mir bleibt ja noch der Orden von Manni Breuckmann (siehe dort).

Rudi Michel ist am 29. Dezember 2008 verstorben. Als er ging, ging für mich auch ein Stück Kindheit und Jugend. Er würde auch der heutigen Generation der Sportjournalisten als absolutes Vorbild taugen – ich glaube, er würde sich über diese Worte sehr freuen.

FRAGE 8 1966 ...

Im Wembley-Stadion fiel in der Verlängerung des Endspiels zwischen Deutschland und England wohl das berühmteste Tor der Welt. Das 3:2 durch Hurst. Unterkante Latte. Es war kein regulärer Treffer. Das Spiel ging 4:2 für die Engländer aus, aber was war das Besondere des vierten Tors?

A. Es fiel erst nach 123 Minuten Spielzeit.

B. Es war auch irregulär, weil Zuschauer auf dem Platz waren.

C. Hurst schoss auch dieses Tor – aber er stand dabei deutlich im Abseits.

D. Das Tor wurde aus 50 Meter Entfernung geschossen (aus dem Mittelkreis).

ENGLAND WM 1966

HEINZ-FLORIAN OERTEL
EIN KESSEL BUNTES

JAHRGANG 1927

Geboren in Cottbus
Bevor Heinz-Florian Oertel journalistisch tätig wurde, arbeitete er
zunächst ab 1946 als Schauspieler am Theater und später als Sport-
lehrer.

BERUFLICHE LAUFBAHN

1949-1990 Sportreporter beim Hörfunk der DDR
1955-1990 arbeitete er auch beim Deutschen Fernsehfunk (später
              Fernsehen der DDR)
1981   promovierte er an der Universität Leipzig
1990   nach der Wende arbeitete er als Sportreporter beim
              ORB und NDR

Heinz-Florian Oertel berichtete in seiner aktiven Zeit von 17 Olympischen Spielen und acht Fußballweltmeisterschaften. Für das
Fernsehen der DDR moderierte er viele TV-Formate wie z.B. »Ein
Kessel Buntes«. Er wurde 1980 mit dem Vaterländischen Verdienstorden der DDR ausgezeichnet.
In der 90er-Jahren arbeitete er als Lehrbeauftragter an verschiedenen Universitäten.

Für mich als Bürger der alten Bundesrepublik ist es nicht ganz einfach, über Heinz-Florian Oertel zu sprechen, über *die* Reporterlegende der Deutschen Demokratischen Republik. Ich tue es trotzdem. Zwar bin ich, anders als viele Menschen im Osten des Landes, nicht mit ihm groß geworden. Doch ich weiß, was der Mann, der 1927 in Cottbus geboren wurde, geleistet hat.

Oertel rollte das R ganz leicht, dehnte die Vokale ein wenig und kommentierte in dieser klaren und deutlichen Art so gut wie jedes sportliche Großereignis. Ob es Katarina Witts Olympiasiege in Sarajevo und Calgary waren, Olympische Sommerspiele oder Fußball-Weltmeisterschaften – Oertel saß für den DDR-Rundfunk am Mikrofon. Das ist auch ein Unterschied zum Westen. Bei uns gab es nicht einen, der so gut wie alles machte.

Ich habe Oertel im November 1984, in meinen ganz frühen RTL-Zeiten, kennengelernt, als Luxemburgs Fußball-Nationalmannschaft in der WM-Qualifikation gegen die DDR spielte. Wir sind mit zwei Kameras ins Stadion gegangen, um einen Vier-Minuten-Beitrag zu drehen. Herr Oertel kam zu uns, um an dem Material zu partizipieren. Ich sprach damals lange mit ihm über die Verhältnisse in der DDR, den Journalismus im Osten und im Westen. Er war ziemlich zugeknöpft, wollte nicht allzu viel erzählen. Er war wie die Sportler ein Privilegierter, der in den Westen reisen durfte – und unter besonderer Beobachtung stand. Da öffnete man sich nicht so ohne weiteres.

Für seine fachliche Art der Kommentierung hat Heinz-Florian Oertel meine volle Anerkennung. Er kannte sich in so vielen Sportarten perfekt aus, konnte sogar einen dreifachen Rittberger problemlos vom Toeloop unterscheiden. Ich würde mir nicht zutrauen, sieben Sportarten oder mehr zu kommentieren. Moderieren ist etwas anderes, aber kommentieren, da muss man sich sehr gut auskennen und tief in dem Metier drin sein. Ich bin froh, dass ich in einer Sportart einigermaßen Bescheid weiß.

Natürlich war der Kommentierungs-Stil in der DDR ein anderer als im Westen. Er klang in meinen Ohren etwas militärisch, zackig und abgehackt. Gleichzeitig versuchte Oertel aber auch, den typischen »Ein-Kessel-Buntes«-Aspekt in seine Kommentare hineinzubringen, ich meine Humor im Stil der großen DDR-Unterhaltungssendung.

Der berühmte Waldemar ist typisch für die damalige Zeit. Ehemalige DDR-Bürger werden sofort wissen, wovon ich spreche. Als der DDR-Läufer Waldemar Cierpinski 1980 in Moskau im Marathon olympisches Gold gewann, riet Oertel werdenden Vätern und Müttern, ihr Kind nach dem Sieger zu benennen: »Nennen Sie Ihre Neuankömmlinge des heutigen Tages ruhig Waldemar«, rief Oertel in sein Mikrofon. Waldemar Hartmann war da allerdings schon auf der Welt!

In der DDR waren sie in der Sportkommentierung damals deutlich patriotischer als wir im Westen. Man erkannte die Leistung der anderen zwar an, wenn aber die eigenen Sportler zu großer Form aufliefen, wurden sie ordentlich gefeiert. Man traute sich mitzugehen und mitzufiebern. Dazu wurden die Sportkommentatoren natürlich auch von oben angehalten. Denn der Sport war das Aushängeschild der DDR. In der alten Bundesrepublik hielt man sich im Fernsehen in dieser Hinsicht zurück. Die berühmte 54er-Reportage von Herbert Zimmermann zum WM-Finale in Bern war Hörfunk, das war etwas anderes.

Nach der Wiedervereinigung ist die TV-Berichterstattung langsam aber sicher im ganzen Lande patriotischer geworden.

Im Zusammenhang mit der ehemaligen DDR (habe diese Begrifflichkeit lange vermisst) fällt mir noch eine spannende Geschichte ein. 1989, die Mauer war gerade gefallen, kam ich auf die Idee, einen Film über Matthias Sammer zu machen. Er spielte damals bei Dynamo Dresden. Als großer Fußballfachmann (lach ...) kam mir der Gedanke, diesen Topspieler der DDR-Nationalmannschaft einmal dem Bundesligapublikum (das wenig über die DDR-Oberliga wusste) vorzustellen. Mit der INTERFLUG ging es nach Dresden. Das war damals noch ein kleines Abenteuer. In ein Land, wo die Tasse Kaffee 0,34 Ostmark kostete (das die das überhaupt Kaffee genannt hatten) und wo es zum Fleisch eine Sättigungsbeilage gab (was für ein sättigender Begriff). Ich war aber immer gerne in der Deutschen Demokratischen Republik – die Leute waren anders und manchmal einfach netter. Im Rudolf-Harbig-Stadion angekommen, wurde ich dann als RTL-Sportchef (ja, die Leute im Tal der Ahnungslosen konnten keine ARD und kein ZDF sehen, aber RTL) genötigt, eine Ansprache vor 25 000 Zuschauern zu halten. Motto: Wie geht das nun alles weiter? Geschmeichelt griff ich nach einigem Zögern zum Mikrofon – und kam mir für einige Minuten vor, als sei ich der Bundeskanzler.

Ich warnte vor den Gefahren, die nun auf die DDR-

Bürger zukommen würden – und dass es sicher kein Zuckerschlecken werden würde. Das Publikum pfiff etwas und ich entschloss mich, die Zukunft etwas rosiger zu beschreiben. Allerdings habe ich keine blühenden Landschaften versprochen. Es gab am Ende meiner epochalen Rede netten, freundlichen Beifall. Vor einigen Wochen war ich mal wieder zu einem Spiel der 2. Bundesliga in Dresden. Während der Fahrt mit dem Taxi schaute mich der Fahrer kurz an, dann seufzte er: »Sie haben damals so Recht gehabt!«. Er war offensichtlich Zeitzeuge meiner Ansprache gewesen. Vielleicht hätte ich besser Politiker werden sollen. Den Film über Matthias Sammer habe ich natürlich auch noch gemacht und Sammer ist ein ganz Großer im deutschen Fußball geworden.

Ich habe Heinz-Florian Oertel viele Jahre später noch einmal in Berlin getroffen. Übrigens bei einer Kaufhauseröffnung. Auch er war im System angekommen. Wir unterhielten uns ausgiebig über das, was wir in unseren Berufsleben so alles gemacht und erlebt hatten. Es war ein spannendes Gespräch, viel offener als früher. Dafür muss man dann einfach auch einmal dankbar sein.

FRAGE 9 1970 ...

Die WM in Mexiko 1970 war extrem. Sehr dünne Luft in der Höhenlage Mexico City. Extreme Temperaturen bis zu 40 Grad. Nächtliches Fernsehen in Deutschland. Unvergessliche Spiele zwischen Deutschland und England (3:2) und Deutschland gegen Italien (3:4). In den Halbfinalspielen kam es dann zu einer Besonderheit, die es erstmals bei einer WM gab.

A. Das Spiel Uruguay gegen Brasilien wurde wegen heftiger Regenfälle abgebrochen.

B. Beim Spiel Deutschland gegen Italien musste der Schiedsrichter in der Verlängerung ausgewechselt werden.

C. Erstmals standen nur ehemalige Weltmeister im Halbfinale.

D. Beim 3:1-Sieg der Brasilianer gegen Uruguay waren alle vier Tore Abseitstreffer.

MEXICO WM 1970

SABINE TÖPPERWIEN
FRAUENPOWER PUR

JAHRGANG 1960

Geboren in Seesen
Nach dem Abitur studierte sie Sozialwissenschaften und spielte
Tischtennis in der 2. Bundesliga. Zum Sportjournalismus kam sie
durch ihre Familie – Bruder Rolf war bereits Sportreporter beim
ZDF. Ihre erste Etappe: freie Mitarbeit beim NDR.

BERUFLICHE LAUFBAHN

1989	Feste Redakteurin beim WDR
1989	Erste weibliche Kommentatorin einer Fußball-Live-Übertragung
1994	seit der Weltmeisterschaft in den USA ist sie bei allen Fußballgroßereignissen für die Radiosender der ARD tätig
2001	Sportchefin beim Radiosender WDR 2

Sabine Töpperwien ist die erste Frau, die regelmäßig in der ARD-
Bundesligakonferenz von der Fußball-Bundesliga im Radio berichtet. Neben dem Fußball berichtete sie von acht Olympischen Spielen, insbesondere von den Eiskunstlaufwettbewerben im Wintersport.

Samstag,15:42 Uhr. Hauptbahnhof Köln. Ich komme mit dem Zug aus Berlin. Quäle mich durch die Menschenmenge Richtung Taxiplatz. Eine lange Droschkenschlange wartet auf Kundschaft. Es ist September und für deutsche Verhältnisse noch verdammt heiß. Das erste Fahrzeug erwartet mich mit weit geöffneter Tür und einem Chauffeur offensichtlich türkischer Herkunft. Das Namensschild im Inneren des Fahrzeuges verrät mir, dass ich von Hamit Alzügliküy gefahren werde. Angenehmerweise spricht Hamit eine interessante Mischung aus Deutsch, Türkisch und Kölsch. Sollte es jemals eine offizielle Weltsprache geben, so sollte sie klingen. Der Mann hinter dem Steuer sieht mich etwas zweifelnd von der Seite an, um dann die beliebte Frage zu stellen: »Kenn' ich Sie nicht vom Fernsehen?« Ich antworte dann gerne mit der Floskel: »Ja, ich bin ein bekannter Schlagersänger!« Irritiertes, aber sehr kurzes Schweigen. Dann holt er zum Gegenschlag aus: »Nein, nein ... Sie sind doch der Podolski vom RTL.« Jetzt schweige ich leicht genervt, um ihm dann zu antworten: »Nicht ganz, ich heiße Potofski und arbeite schon seit 2006 nicht mehr für RTL, sondern bei Sky.« Es folgt, wie so oft, meine Lieblingsansprache von Menschen, die mich erkannt haben. »Also, ich habe Sie immer gerne im Fernsehen gehört und gesehen.« Man weiß natürlich als Medienmann, dass es ungezählte Menschen gibt (das gilt auch für Taxifahrer!), die einen nicht mögen, aber komischerweise trifft man diese Leute ganz selten – oder sie sagen es einem aus Höflichkeit einfach nicht. Meine Fahrt geht ins Bergische Land. Fahrzeit etwa 35 Minuten. Das kann eine verdammt lange Strecke werden, wenn sich das Gespräch weiter so entwickeln sollte. Obwohl – Hamit mag mich ja. Das Radio im Mercedes ist auf WDR 4 eingestellt.

Eine komische Mischung aus Schlagern und Oldies dudelt leise vor sich hin. Nervös schaue ich auf die Uhr. Würde jetzt gerne die Sky-Bundesligakonferenz sehen. Da kommt mir der rettende Einfall: »Herr Hamit, können Sie nicht bitte auf WDR 2 umschalten, dann können wir Fußball hören.« Sekunden später drückt er auf einen Knopf und weitere Sekunden später bricht die Hölle im Taxi los. Eine weibliche Stimme, die allerdings männlicher ist als alle männlichen Sprecher im Radio zusammen, brüllt uns an. »Tor in Leverkusen! Tor in Leverkusen! Der Kießling ... der Kiiiieeeeeßßßßßlllllinnnnggg hat es gemacht und die Schalker Abwehr sah bei diesem Gegentreffer über-haupt nicht gut aus. Überhaupt nicht!« Mir fällt auf, dass wir Sport-reporter seit geraumer Zeit irgendwie alles doppelt sagen. Doppelt sagen! Nein, geschrie-ben sieht das total doof aus. So ganz ne-benbei. Vielleicht hilft es ja der Auflage. Markus Lanz sagt auch vieles doppelt. Achten Sie einmal darauf. Herr Al-zügliküy ist total begeistert. »Eine Frau, eine Frau«, jetzt sagt er auch schon alles doppelt, »die Fußball kommen-tiert. Toll! Das würde es bei uns in der Türkei nicht geben.« Das ist ja auch mal eine Aussage, denke ich und reagiere nicht auf diese epochale Äußerung, quasi direkt aus der Türkei. Frau Töpperwien spielt derzeit im Radio gekonnt mit ihrer Stimme und wird deutlich leiser. Jetzt flüstert sie – und das hört sich beinahe erotisch an: »Und damit zurück ins Studio!« Hamit meldet sich wieder zu Wort: »Also, ich höre die gerne!« – Kommt mir irgendwie bekannt vor. Wie lange ist das eigentlich her, dass eine Frau zum ersten Mal in Deutschland Fußball im Radio live kommentiert hat, geht es mir durch den Kopf. Ich greife zu meinem Smartphone, das ich ja eigentlich nur zum Telefonieren benutzen wollte und google genau diese Frage. Die Antwort verblüfft mich dann doch etwas. Es war 1989 beim Europameisterschafts-Halbfinale der Frauen zwischen Deutschland und Italien. Naturgemäß durfte Sabine damals »nur« ein Frauen-Länderspiel übertragen.

Dann ging es Schlag auf Schlag für sie. Sie wurde eine feste Größe in den Bundesliga-Konferenzen im Radio. Auch bei den Länderspielen der Männer wurde sie dann später wie selbstverständlich eingesetzt (was gut ist!). Konsequenterweise ist sie seit 2001 die Sportchefin bei WDR 2 und die Männer müssen nach ihrer Pfeife tanzen. Übrigens ist die Vergabe der Spiele für die Reporter beim WDR immer eine sehr spannende Angelegenheit. Schließlich habe ich selber einige Jahre beim WDR gearbeitet und am Montag immer dem Anruf aus Köln entgegengefiebert. Dann meldete sich stets am Nachmittag der Chef vom Dienst und teilte mir mit sonorer Stimme mit: »Herr Potofski, am Freitag Bocholt gegen Aachen, am Samstag Bielefeld gegen Dortmund, am Sonntag Union Solingen gegen Werder Bremen.« Je nachdem, wie hochklassig die Begegnungen waren, konnte man daran seine eigene Wertigkeit ablesen. Das wird heute natürlich anders und schneller kommuniziert und stets hat Sabine Töpperwien auch das interessanteste Spiel zu kommentieren – oder sagen wir mal, fast immer. Als Chefin hat sie ja auch das

Recht dazu. Als ich Sportchef bei RTL war und wir die Bundesligarechte besaßen, habe ich mich auch immer für die spannendsten Spiele eingeteilt ... also die von Wattenscheid 09 seiner Zeit. Mittlerweile hört man auch noch Martina Knief vom Hessischen Rundfunk regelmäßig im Radio von der Bundesliga berichten und im Fernsehen Christina Graf, die für Sky in der 2. Bundesliga im Einsatz ist. Grundsätzlich ist es gut und richtig, dass diese Männerdomäne aufgebrochen wurde. Aber was unterscheidet Männer und Frauen, wenn Sie Fußball kommentieren? Erstaunlicherweise nichts – und ich frage mich, ob das eine gute oder schlechte Erkenntnis ist. Sabine Töpperwien erklärt mir in diesem Augenblick: »Der Huntelaar ist ja wohl mal ein Schlitzohr, mit dem Hinterkopf trifft er sehr raffiniert zum 1:1 ins Leverkusener Tor. Das ist verdient, durchaus verdient für die Knappen!« Hamit hat zwischenzeitlich das Endziel erreicht und bemerkt vielsagend: »Bei dem Vater konnte die Frau ja nur eine gute Sportreporterin werden.« Ich antworte: »Der Vater heißt Rolf Töpperwien – und ist ihr Bruder.« Das stört Hamit nicht im Geringsten. »Macht 46,80 Euro«, murmelt er noch. »Schreiben Sie mir einen Beleg über 50«, antworte ich und Hamit schreibt die Quittung mit den Worten aus: »Ich habe Sie wirklich immer gerne gehört!«. Bei 55,- Euro wäre ich bestimmt besser als Marcel Reif gewesen.

FRAGE 10 1974 ...

Wollen wir mal ehrlich sein, was uns ja schwer fällt. Die beste Mannschaft beim Turnier stellten die Holländer. Oder sagen wir mal so: Sie spielten den besten Fußball. Im Endspiel kämpfte die deutsche Elf sie mit 2:1 nieder, allerdings wird mir für immer in Erinnerung bleiben, wie sich die Niederländer in der ersten Minute über unfassbare 17 Stationen (ohne dass ein deutscher Spieler auch nur eine Chance hatte, an den Ball zu kommen) in den deutschen Strafraum kombinierten und einen Elfmeter bekamen. Für alle Taktikfüchse: In welcher Taktik traten die Oranjes denn an?

A. 4-4-2

B. 4-3-3

C. 5-3-2

D. 4-3-1-2

DEUTSCHLAND WM 1974

MICHAEL STEINBRECHER
DER PROFESSOR

JAHRGANG 1965

Geboren in Dortmund
Nach dem Abitur studierte er Journalismus in seiner Heimatstadt Dortmund. Mit einem Notendurchschnitt von 1,0 konnte er dieses abschließen und absolvierte anschließend ein Volontariat beim ZDF. Eigentlich wollte Steinbrecher Profifußballer werden, spielte in der Jugend Fußball bei Borussia Dortmund. Seinen Plan gab er aber auf, als ihm die Moderation einer Sendung angeboten wurde.

BERUFLICHE LAUFBAHN

1987-1992	Neben seinem Journalistikstudium und seinem Volontariat arbeitet er als Redakteur für die ZDF-Jugendsendung »Doppelpunkt« und moderiert diese auch
1992-2013	Moderator des »aktuellen sportstudio« – mit 26 Jahren ist er der jüngste Moderator des »sportstudio«
1992-1994	Mitarbeit beim Politmagazin »Frontal«
1996	Moderiert regelmäßig Großereignisse wie Olympische Spiele oder Fußballweltmeisterschaften
1997	wird er auch Produzent und Filmemacher. Portraitiert Sportler, Schauspieler, Prominente für »Steinbrecher & ...« und arbeitet für die ZDF-Sendung »37 Grad«

Michael Steinbrecher bekommt für seine herausragenden Reportagen und Moderationen viele Preise. U.a. wurde er mit dem »Grimme Preis« ausgezeichnet, wurde TV-Journalist des Jahres und erhielt den »BILD-Award« für das »aktuelle sportstudio«.

Sanft, ganz sanft dringen seine Worte an meine Ohren: »Können Sie sich vorstellen, eines Tages als Trainer zu arbeiten – und was werden Sie dann anders machen?« Michael Ballack neigt sich leicht nach vorne. So sieht er besonders hübsch aus und die weiblichen Zuschauer des ZDF-»sportstudios« sind entzückt. Geschickt – denke ich.

Die geschlossene Frage gerade so vermieden. Moderator Michael Steinbrecher sieht den Nationalspieler offen und lächelnd an. Der lächelt zurück. Schöne Zähne haben sie beide.

 Der damalige Kapitän der Nationalmannschaft erklärt umfassend, dass er später einmal lieber im Management eines Fußballvereins arbeiten würde. Meine Freundin auf dem Sofa fügt hinzu: »Im Anzug sieht er auch besser aus als in Trainingsklamotten.« Wobei Ballack einfach immer gut aussieht.

Hätte Steinbrecher einfach gefragt: »Können Sie sich vorstellen, einmal als Trainer zu arbeiten?« – die Antwort wäre möglicherweise mit »Nein« knapp ausgefallen. Aber Journalisten (nicht alle) lernen früh, so genannte offene Fragen zu stellen. Also solche, bei denen man nicht einfach mit Ja oder Nein antworten kann. Am einfachsten, man fragt immer mit einem W vorne. Warum? Wieso? Weshalb? Wer? Wie? Wo? Da wird es schwierig, kurz zu antworten. So entsteht ein Gespräch. Ein Interview.

Zwischenzeitlich gibt Michael Steinbrecher sein Wissen an der Uni Dortmund an angehende Journalisten weiter. Ein richtiger Professor, der Mann mit dem Lockenkopf. Man sieht daraus: Auch aus Sportjournalisten kann etwas Ordentliches werden.

Dabei schrieben die Kollegen der taz neulich: »Der deutsche Sportjournalismus ist verrottet bis ins Mark. Allen voran die Anschleimerbrigade des ›aktuellen sportstudios‹.« Die Journalisten der taz hauen noch intensiver drauf: »Die Moderatoren verstehen sich nicht mehr als kritische Nachfrager des Sports, sondern als Verkäufer einer Ware.« Wobei es ja richtig ist. Wir verteilen eine Ware weiter – und Sportrechte sind verdammt teuer. Fazit: Wir produzieren nur noch ein Kessel Buntes (ehemalige Unterhaltungssendung im DDR-Fernsehen). Liebe Kollegen der linken Presse, wenn es bei RTL die Rubrik Gesellschaft und Kultur geben würde, ich hätte auch einige Vorwürfe an die Machart eurer Zeitung zu richten. Zurück aber zu Michael Steinbrecher.

Für mich hat er eine Stärke, die nur wenige Menschen im Fernsehen haben. Achtung, jetzt kommt ein völlig neuer Satz: Er ist authentisch! Dabei muss ich sagen, ich habe komischerweise Michael Steinbrecher nur einmal in meinem Leben persönlich getroffen. Auf einer Autobahnraststätte, in einer Sanifair-Anlage zwischen Hannover und Kassel.

Frage mich gerade, ob ich den 50-Cent-Gutschein auch eingelöst habe. Wenn das mal keine Fakten sind.

Leicht säuselnd sprach er mich an: »Hallo, Herr Potofski, warum haben wir uns eigentlich noch nie getroffen?« Ich war schwer beeindruckt. Eine W-Frage auf der Toilette – ich konnte nicht einfach kurz angebunden antworten. Es ergab sich ein kurzes Gespräch. Ja, ja, lieber taz-Kritiker

– es ging um Banalitäten. Ein Kessel Buntes haben wir dennoch nicht zusammen gekocht. Aber Michael Steinbrecher war genau wie im Fernsehen. Nett, höflich, jungenhaft lächelnd.

Dazu muss man aber wissen, dass Herr Steinbrecher sich wissenschaftlich auf seinen Beruf vorbereitet hat. Er befasste sich in seiner Studienzeit mit dem Thema »Gesprächssendungen im Fernsehen«.

Er moderierte zunächst Jugendsendungen und wurde mit 26 zum jüngsten Moderator des »sportstudios«. Er betonte dabei stets seine Dortmunder Herkunft – und dass er in der Jugend bei Borussia Dortmund ein ordentlicher Kicker gewesen sei. Für mich als Schalker zunächst ein Grund, noch genauer bei Herrn Steinbrecher hinzuschauen und hinzuhören.

Tatsache: Er machte es aus meiner Sicht gut und einfühlsam. Bei manchen Kritikern wird dann gerne aus »einfühlsam« eben »zu weich« oder »anschleimen«. Bei großen Teilen des Publikums wirkte seine Art des Moderierens aber einfach nur menschlich – und ist das nicht eigentlich das größte Kompliment, das man einem Fernsehmann machen kann?

Nun hat Herr Steinbrecher freiwillig die Moderation des »sportstudios« aufgegeben – ein sehr ungewöhnlicher Schritt in unserem Beruf, denn die meisten von uns wird man wohl auf der Bahre aus dem Studio tragen müssen. Respekt und Anerkennung dafür von meiner Seite aus.

Und fragt man den Dortmunder Jungen nach seinem schönsten Moment in seinem beruflichen Leben – dann kommt nicht als Antwort ein Meistertitel der Borussia oder der Gewinn der Champions League, sondern ein olympisches Ereignis. Der Lauf von Cathy Freeman bei den Olympischen Spielen in Sydney – und er gebraucht eine Vokabel dafür, die die Jungs von der taz sicher nicht gerne hören: »Gänsehaut. Noch immer. Jetzt, Jahre später!« Schön, wenn jemand Gefühle hat und sie ausspricht – danke, Herr Professor, ich werde Sie vermissen im »sportstudio« – aber sollte ich jemals nochmals studieren – dann komme ich zu Ihnen.

Ach ja, wenn ich die taz lese, bekomme ich manchmal auch eine Gänsehaut.

FRAGE 11 1978 ...

Kommen wir doch nochmal auf unsere lieben Nachbarn aus der Alpenrepublik zurück. Argentinien war ihnen diesmal nicht zu teuer und sie nahmen an dieser WM, zum Kummer unserer deutschen Mannschaft, teil. Denn es kam zum Wunder von Cordoba. Österreich besiegte Deutschland 3:2. Die Reporterlegende Edi Finger wurde dabei »narrisch« und zur absoluten Legende. Aber damit wir diesen Sieg mal endlich richtig einordnen: Wie viele Jahre lange hatte Österreich vorher nicht mehr gegen Deutschland gewonnen?

A. 23 Jahre

B. 31 Jahre

C. 39 Jahre

D. 47 Jahre

ARGENTINIEN WM 1978

DIETER KÜRTEN
DER UMGANGSKÜNSTLER

JAHRGANG 1935

Geboren in Duisburg
Eigentlich wollte Dieter Kürten Musiker werden. Nach dem frühen
Tod der Eltern ließ sich dieser Wunsch aus finanziellen Erwägungen
nicht realisieren, so dass Kürten nach dem Abitur erst einmal eine
Lehre als Speditionskaufmann machte. Zum Sportjournalismus
führte ihn ein Volontariat bei einer Boulevardzeitung.

BERUFLICHE LAUFBAHN

1963   Sportredakteur beim ZDF
1967-2000 Moderator des »aktuellen sportstudio«
1984-1989 Sportchef beim ZDF

Weil Dieter Kürten das »aktuelle sportstudio« 375-mal moderiert
hat, erhielt er den Spitznamen »Mr. Sportstudio«. Als herausragen-
der Sportreporter wurde er mit der Goldenen Kamera ausgezeichnet und erhielt 2012 den hessischen Verdienstorden für sein Lebenswerk.

Dieter Kürten ist einfach ein toller Mann, ich kann es nicht anders ausdrücken. Wenn ich von einem Vorbild als Sport-Moderator spreche, dann ist es er. Wobei ich natürlich weiß, dass ich nie an seine Klasse herankommen werde. Er ist ein Gentleman durch und durch.

Man hat Dieter Kürten, der im Jahr 1935 geboren wurde und lange in Rente ist, früher alles Mögliche vorgeworfen: Er sei Weichspüler, er stelle keine kritischen Fragen, er sei ein Mann der Mitte und des Ausgleichs. Wobei mich derartige Vorwürfe nerven – was kann es eigentlich Schöneres geben, als ein ausgleichender Mensch zu sein?

Genau das war er als Sport-Moderator: ein Mann der Mitte. Vor allem das Freundliche, Charmante und Menschliche bewundere ich an Dieter Kürten. Ich bevorzuge das generell bei Menschen: dass sie nicht aggressiv sind, aber auch nicht zu harmoniesüchtig. Dieter Kürten hat das »aktuelle sportstudio« zwischen 1967 und 2000 moderiert und war auch Sportchef des ZDF. Live war er genial, er konnte wie kein anderer damit umgehen, wenn etwas nicht funktionierte.

Es gab da zum Beispiel die berühmte Situation, in der im »sportstudio« ein Beitrag sieben Mal nicht lief. Kürten meisterte die Panne mit souveräner Leichtigkeit, er machte eine Nummer daraus und brachte die Leute zum Lachen. Es war großartig. Alle, die es gesehen haben, erinnern sich noch mehr als 20 Jahre später daran.

Gern würde ich heute einmal einen Kollegen der jüngeren Generation in einer solchen Situation sehen. Klar, es gibt auch den einen oder anderen in der jungen Kategorie, der das Problem locker über die Bühne bringen könnte. Oder die Geschichte mit dem Schimpansen, der der Frau von Johnny Weissmüller vor laufender Kamera die Perücke vom Kopf riss. Auch diese Situation meisterte Kürten so charmant, dass sich die Dame nicht schlecht oder blamiert fühlen musste. Ganz im Gegenteil, es war eine Sternstunde der Moderation. Es müsste viel mehr Affen in Fernsehstudios geben – also richtige.

In solchen Momenten setzt sich Klasse durch. Da zeigt sich auch , ob jemand ein guter Moderator mit Talent ist oder ein Teleprompter-Ableser, der später irgendwo verglüht.

Dieter Kürten war auch in Sportlerkreisen hoch angesehen, denn er war immer fair, zu ihm gingen sie gern zum Interview. Er unterschied sich damit deutlich von seinem Kollegen Bernd Heller, der gelegentlich sehr unangenehm sein konnte und das durchaus als Mittel einsetzte.

Als gelernter Jurist verhörte Heller seine Interviewpartner oft regelrecht. Was allerdings auch einen hohen Unterhaltungswert haben konnte. Bei Kürten war es dagegen immer ein Gespräch. Er hat sich mit jemandem unterhalten. Als Fernsehzuschauer hast du gedacht, du stehst daneben. Er kommt direkt durch die Scheibe in dein Wohnzimmer.

Kürten hat vielleicht in entscheidenden Interviewpassagen nicht die tödliche Frage gestellt. Wenn ein Interviewpartner eine Flanke aufmacht, hat Kürten sich zurückgehalten und nicht zugestochen. Er ließ seine Gäste immer leben, führte sie nicht vor und stellte unangenehme Frage auf so angenehme Art, dass der Interviewte sie niemals als Affront verstand. Er kommentierte auch Fußballspiele live und machte das in einer ähnlich freundlichen Art. Er hatte viele Fans, aber auch Kritiker. Beim Fußball muss man manchmal ein bisschen härter sein – und mitteilen: Das war jetzt ganz, ganz schlecht. Kürten hätte gesagt: Das war jetzt nicht ganz so gut. Das war seine Art, sie brachte ihm – vor allem in der späten Phase der Karriere – den Ruf des Weichspülers ein. Für mich eine unpassende Bezeichnung.

Als das »aktuelle sportstudio« 1988 sein 25-jähriges Jubiläum feierte, ließ ich damals im »Anpfiff«-Studio von RTL eine Torwand aufbauen. Das war meine Referenz an die beste deutsche Sportsendung, die das »aktuelle sport-studio« damals noch war. Kürten bedankte sich dafür bei mir mit persönlichen Zeilen. So etwas unter Kollegen hätte nicht jeder gemacht.

Apropos »aktuelles sportstudio«. Einen adäquaten Ersatz für Dieter Kürten hat das ZDF meiner Ansicht nach nicht gefunden. Er hat eine Lücke hinterlassen. Menschen wie er fehlen generell im Fernsehen.

Das »aktuelle sportstudio« braucht meiner Meinung nach eben nicht nur Verjüngung, sondern zumindest auch einen älteren, erfahrenen Moderator. Einen, der den Job seit 35 Jahren ausübt, bei dem der Zuschauer spürt, dass er viel erlebt hat und weiß, wovon er spricht. Es ist gut, wenn die Leute jung anfangen. Deshalb muss man die Älteren aber nicht alle rauskicken.

Das ist meine feste Überzeugung. Aber das hängt wohl damit zusammen, dass ich die 60 überschritten habe und davon träume, das »aktuelle sportstudio« moderieren zu dürfen. Getreu dem Motto eines Songs der Münchner Freiheit: »So lang man Träume noch leben kann«.

FRAGE 12 1982 ...

Wollen wir hier mal lieber nicht auf das unsägliche Spiel zwischen Deutschland und Österreich eingehen. Über den Nichtangriffspakt regte sich damals die gesamte Fußballwelt auf. Nein, lassen Sie uns etwas über England fragen. In der zweiten Runde spielten Deutschland, England und Spanien in einer Gruppe. Deutschland wurde Gruppensieger. England Zweiter. Aber wie viele Tore schoss der Weltmeister von 1966 in den beiden Spielen gegen Deutschland und Spanien?

A. 8 Tore

B. 6 Tore

C. 0 Tore

D. 1 Tor

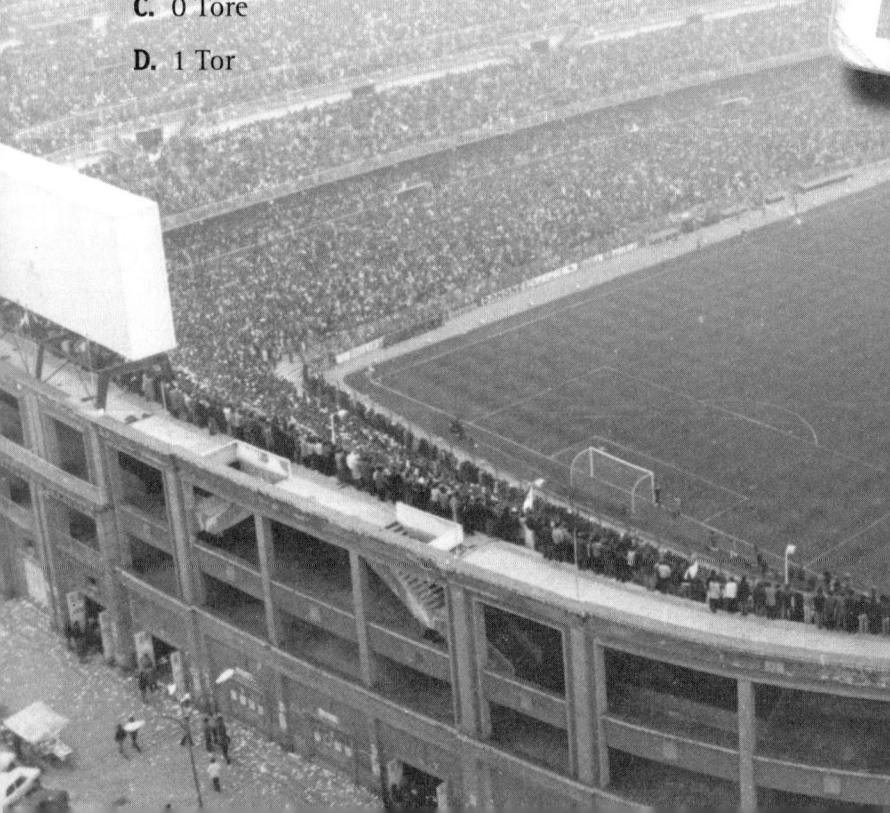

WW.GTVH.DE/WM-GEWINNSPIEL

SPANIEN WM 1982

REINHOLD BECKMANN
DER SYSTEMWECHSLER

JAHRGANG 1956

Geboren in Twistringen
Nach dem Abitur absolvierte er den Zivildienst in einer Jugendein-
richtung und machte dann eine Ausbildung zum Fernsehtechniker.
Anschließend studierte er Germanistik in Köln.

BERUFLICHE LAUFBAHN

1980	Freier Mitarbeiter beim WDR in der Sendung »Aktu-elle Stunde«
1985	wechselt er in die Sportredaktion des WDR und kommentiert Sportübertragungen
1990	Wechsel von der ARD zum Pay-TV-Sender Premiere als Sportchef
1992	Wechsel zu SAT.1, ebenfalls als Sportchef. Dort moderiert er die Sendungen »ran« und »ranissimo«.
1998	Rückkehr zur ARD. Moderiert und kommentiert Fußball-Länderspiele, UEFA-Spiele und die Fußball-bundesliga
1999	startet seine eigene Talk-Show »Beckmann«

Für die ARD moderierte er darüber hinaus diverse Unterhaltungssendungen.
Er wurde mehrfach ausgezeichnet. Er erhielt u.a. die »Goldene Kamera« und den »Bayerischen Fernsehpreis« für die von ihm konzi-
pierten Fußball-Formate »ran« und »ranissimo«, das Bundesver-
dienstkreuz und den »Deutschen Fernsehpreis«.

Reinhold Beckmann war mit der Fußball-Show »ran« ein Fußball-Revoluzzer. Was viele vergessen haben: Er war auch vorher schon außerhalb des Fußballs umstürzlerisch im Fernsehen tätig. Zusammen mit Helge Schneider moderierte er am Samstagabend im WDR die Sendung »Off-Show«, die außergewöhnlich war für die damalige Zeit. Die

beiden haben damals Sachen gemacht, wie Sargdesigner einzuladen und in den Särgen Probe zu liegen. Für WDR-Verhältnisse war so etwas sensationell und Beckmann in seiner Art revolutionär. Ich war Fan dieser Sendung.

Dann kam der Fußball, Beckmann wurde Sportchef bei Premiere. Wir bei RTL standen damals in Konkurrenz zu Premiere, mit der Bundesliga-Übertragung überschnitten wir uns ungefähr ein Jahr lang. Es war ein Wettbewerb, in dem es vor allem um technische Neuerungen ging. Wir hatten Krankameras eingeführt, Beckmann fand es nicht so toll, dass wir das vor ihm hatten. Und Chips im Netz, es war eine richtige Aufrüstung, die Anfang der 90er-Jahre stattfand. Der eine wollte unbedingt moderner sein als der andere. Man gönnte sich so richtig nichts.

Beckmann ging dann zu SAT.1, und RTL verlor die Bundesliga-Rechte.

In der ersten »ran«-Sendung lieferte Beckmann ein modisches Feuerwerk ab, er moderierte sie in einer roten Jeansjacke. Dafür wurde er ziemlich ausgelacht. Aber für ihn war es ein Zeichen, dass eine neue Zeit anbrach – nach dem Motto: Jetzt kommt »ran«, jetzt wird alles peppiger und poppiger. Mehr Fußball, mehr Pop – dafür stand Beckmann damals.

Mich hat der Mann mit der roten Jeansjacke einmal in Kleidungsfragen ein bisschen beleidigt. Wir waren in New York beim Tennis. Ich trug eine blaue Hose und eine grüne Jacke und fuhr im Bus zusammen mit 20 anderen Leuten von Flushing Meadows nach Manhattan. Beckmann schaute mich an und brachte vor versammelter Mannschaft den Spruch: »Grün und Blau trägt die Sau.« Er fand das unheimlich lustig. Ich hingegen empfand es als respektlos. Was man manchmal so im Hinterkopf spazieren trägt. Keine Angst, Reinhold, Du kommst hier trotzdem ganz gut weg.

Die Sendung »ran« war meiner Ansicht nach die konsequente Weiterentwicklung von »Anpfiff«. Ohne Wenn und Aber. Mit noch mehr Geld und noch mehr Power und noch mehr Kameras. Das Studio war viel größer und noch stärker ausgeleuchtet, die Auftritte waren bombastischer, es wurde noch mehr geklatscht. Es gibt übrigens in unserem Gewerbe den Beruf des »Anklatschers«. Wie allerdings das Berufsbild aussieht, weiß ich auch nicht. Qualifikation: Nicht an der falschen Stelle klatschen ... Sie trieben es im Laufe der Jahre so weit, dass die Leute so viel Show satthatten. Aber da war Beckmann schon wieder weg. Er hatte wohl die Zeichen der Zeit früher erkannt.

Damals kam die Diskussion auf, ob zu viel Fußball im Fernsehen nicht zwangsläufig dazu führe, dass weniger Zuschauer in die Stadien kämen. Viele, zum Beispiel Rainer Holzschuh vom Kicker, waren sehr skeptisch – ich nicht. Es kam, wie ich damals ahnte, genau andersherum.

Durch die Popularisierung, die das ganze Geschäft erfuhr, wurde ein immer größeres Publikum neugierig gemacht, auch mal ins Stadion zu gehen. Und im Endeffekt stiegen die Zuschauerzahlen an. Reinhold Beckmann gehörte zu denen, die dafür gesorgt haben.

Den Kollegen Holzschuh muss ich noch kurz loben. Er schlug mir damals ein Format wie die heutige sport1-Sendung »Doppelpass« vor. Ich glaubte nicht an den Erfolg. Da habe ich mich geirrt.

Beckmann hatte eine lockere Art damals und hat den Job im Sinn des Privatfernsehens sehr gut gemacht. Er war sogar dessen perfekter Vertreter.

Umso erstaunlicher war der Schritt zurück zur ARD, den er später machte. Und sein erfolgreicher Versuch, mehr zu sein als bloß ein Sportreporter. Beckmann kam tatsächlich raus aus dem reinen Fußball-Genre und bewies, dass er sich auch in Themen wie Politik, Kultur und Musik auskennt. Das war ihm sehr wichtig, denn er sah sich selbst immer auch als einen Intellektuellen.

Seine Talksendung »Beckmann« lief von 1999 bis Ende 2013. Als er im Sommer 2013 bekannt gab, dass er die Sendung aufgeben werde, schrieb die Frankfurter Allgemeine Zeitung: »Der Falsche hört auf«, sein Format werde fehlen. Es sei unter den journalistischen Aspekten von »Information, Vertiefung und Aufklärung« nicht nachvollziehbar, warum gerade er und nicht einer der vielen anderen ARD-Talker Schluss mache.

So freundlich hat das kritische Feuilleton selten einen Moderator verabschiedet. Wobei man gerade hören kann, dass der Abschied bald mit einem Wiedersehen verbunden ist. In der ARD plant man wohl neue Formate mit Beckmann. Der Auserwählte!

Aber zurück zum Fußball-Mann Beckmann. Er moderiert nach wie vor die »Sportschau« und kommentiert Spiele in der ARD. Er hat sich längst wegbewegt vom populären, lauten Ton der »ran«-Berichterstattung und geht oft mit feuilletonistischer Haltung an die Spiele heran. Das macht er gut, für meinen Geschmack, manchmal aber fast ein wenig zu geistreich und bedächtig. Ich habe oft den Eindruck, dass der Intellektuelle Marcel Reif dem Intellektuellen Reinhold Beckmann an der einen oder anderen Stelle als Vorbild dient. Interessant finde ich jetzt immer die Auftritte, wenn Reinhold Beckmann und Mehmet Scholl gemeinsam am Spielfeldrand auftauchen. Scholl versteht es doch tatsächlich, viel jünger als Beckmann zu wirken. Es könnte am Alter liegen. Aber mal ganz ernsthaft: Neben Herrn Scholl kann man gar nicht schlecht aussehen. Endlich mal ein Experte, der absoluten Sachverstand hat und den Mut, dabei auch gelegentlich etwas Lustiges oder gar Respektloses zu sagen. Dabei braucht aber auch ein Mehmet Scholl gelegentlich die perfekte Vorlage und die kommt dann von Reinhold Beckmann. Aus dem Revoluzzer Beckmann ist ein älterer Herr in Jeans geworden, der gelegentlich an einen Berufsjugendlichen erinnert. Und damit haben wir dann doch eine Gemeinsamkeit. Wie war das noch mit den Farben blau und grün?

FRAGE 13 1986 ...

Die zweite WM nach 1970 in Mexico war aus deutscher Sicht nicht so schön. Es war streckenweise ein sehr bemühter Fußball, den wir damals spielten. Deutschland erreichte allerdings das Finale, das man mit 2:3 gegen Argentinien verlor. Meine besondere Erinnerung: Ich durfte damals das Endspiel für RTL vor 120.000 Zuschauern live aus dem Azteken-Stadion übertragen. Leider hatte der deutsche Torhüter Toni Schumacher einen ganz schwachen Tag, obwohl er bis zum Endspieltag eine tolle WM gespielt hatte. Aber wer war eigentlich bei dieser WM der Torjäger Nr. 1? Große Namen stehen zur Auswahl:

A. Emilio Butragueno (Spanien)

B. Careca (Brasilien)

C. Diego Maradona (Argentinien)

D. Gary Lineker (England)

WWW.GTVH.DE/WM-GEWINNSPIEL

MEXICO WM 1986

MANFRED BREUCKMANN
DER GRAUE PANTHER

JAHRGANG 1951

Geboren in Datteln
Nach dem Abitur studierte er Rechtswissenschaften und schloss
dieses mit dem zweiten juristischen Staatsexamen ab. Danach
folgten drei Jahre im Bundespresseamt. Doch schon während des
Studiums begann er, nebenbei im Radio Fußball zu kommentieren.

BERUFLICHE LAUFBAHN

1972-2008	Live-Kommentator der WDR-Fußball-Konferenz Erstes Spiel: Neuss – Wattenscheid
1982	Neben dem Fußball wurde er politischer Korrespondent beim WDR
1995-1999	Moderation der WDR 2-Sendung »Westzeit«
2000-2005	Moderation der WDR 2-Sendungen »Mittagsmagazin« und »Zwischen Rhein und Weser«
2008	beendete er seine Karriere am WDR-Mikrofon und geht in Altersteilzeit

Doch nicht nur für den Fußball schlägt das Herz von Manni Breuckmann. Er kümmerte sich um die nordrhein-westfälische Landespo-
litik, schrieb Kriminalromane, spielte in Filmen mit, kommentierte
jährlich den Düsseldorfer Rosenmontagszug und nahm sogar eine
CD auf! Seit 2009 ist er im kreativen Ruhestand und arbeitet u.a.
für das Internet-Radio.
Manni Breuckmann wurde 2011 mit dem »Deutschen Radiopreis«
ausgezeichnet.

Radiostars gibt es in Deutschland eher selten. Manni war ein solch seltenes Exemplar.

Seine Stimme übertönte vieles im Dampfradio – und wenn Manni »Tor auf Schalke« in sein Mikrofon brüllte, dann konnte man schon am Klang der Stimme erkennen, dass der Treffer für Schalke gefallen sein musste. Alle anderen Kollegen in der Konferenz hielten dann sofort und schlagartig den Mund. Ja! Manni hatte auch einmal eine kurze Fernsehzeit im WDR-Regionalprogramm und musste schnell erkennen: Ich (ja, ich auch – aber Manni ist hier gemeint) habe nun mal nur ein Radiogesicht. Selbst das versteckte er hinter einem dichten Bart. Über viele Jahre hat er den Fußball-Radioton in Deutschland mitbestimmt. Erstaunlicherweise ist auch er gelernter Jurist. Bei anderen Kollegen (u. a. Heribert Fassbender, Wilfried Mohren, Bernd Heller) hat man das gelegentlich gemerkt – bei Manni klang alles immer »frei Schnauze«. Seine Höhepunkte waren die zwei Europapokal-Siege von Schalke (UEFA-Pokal) und Borussia Dortmund (Champions League), errungen beide im Jahre 1997.

Manfred Breuckmann ist im Ruhrgebiet auf die Welt gekommen. Genauer: im schönen Datteln. Und dort teilt sich die Welt. Der eine Teil wird Dortmund-Fan, der andere Teil wird Schalker. Sie entschuldigen bitte kurz meine Parteinahme: Herr Breuckmann hat sich komplett richtig entschieden. Schon in jungen Jahren zog es ihn – genau wie mich auch – in die Glückauf-Kampfbahn ins schöne Schalke. Wenn nun aber einer glaubt, Manni hätte bei Schalker Siegen lauter geschrien als beim BVB – der täuscht sich gewaltig. Er hatte die intellektuelle Fähigkeit, alle Ruhrgebietsvereine zu mögen. Nur wenn Schalke gegen Dortmund spielte, dann merkte man ihm eine leichte Beklommenheit an.

Wir zwei haben viele gute gemeinsame Jahre beim WDR verbracht. Was Manni absolut auszeichnete, war seine Respektlosigkeit vor großen Persönlichkeiten. Dabei ist mir eine kleine Episode immer in Erinnerung geblieben. WDR-Sportchef Kurt Brumme, im Übrigen eine absolute Autoritätsperson, bekam einen Bundesverdienstorden am Bande verliehen. Die Verleihung wurde in den kleinen Sendesaal des WDR in Köln gelegt und natürlich durften wir alle antreten und live dabei sein. Eine sehr schöne Zeremonie spielte sich vor unseren Augen ab – und seit diesem Tag ist mein größter Wunsch: Ich möchte auch einmal einen Orden bekommen.  Nein! Keinen Karnevalsorden. Im schönen, romantischen Dezember spielte sich die Veranstaltung ab und der WDR hatte weder Kosten noch Mühen gescheut, den Raum schön adventsmäßig zu gestalten. Überall Kerzen, Tannen und diese roten Schleifchen mit Adventssternen. Herr Breuckmann machte sich sofort an die Arbeit. Eine schöne Bastelleistung: Für alle am Tisch wurden Verdienstorden aus den Schleifen und den Sternchen gebastelt. So hatte nicht nur Kurt Brumme am Ende seinen Orden, sondern auch fünf seiner jüngsten Reporter. Das Unangenehme: Brumme erwischte uns mit dem Halsschmuck und die Beteiligten mussten dafür zur Strafe in den nächsten Wochen zu eher kleineren Fußballspielen nach Erkenschwick, Solingen, Remscheid oder Bocholt reisen. Fazit: Machen Sie niemals einen Witz über Ihren Chef, wenn er einen Orden bekommt – die Folgen können grausam sein.

Karriere hat Manni Breuckmann dann ja doch gemacht. Ganz einfach, weil er etwas vom Fußball verstand und weil er spielen konnte, mit der Stimme und mit den Stimmungen der Menschen. Die Profis mochten ihn immer und akzeptierten ihn. Das ist etwas, was wahrlich nicht jedem Medienmann im Fußballgeschäft gelingt. Was mich eher etwas irritierte, waren seine Kommentierungen vom Düsseldorfer Karnevalsumzug in der ARD. Vielleicht sind Gelsenkirchener aber auch einfach seriöser als Bürger von Datteln.

Im Dezember 2008 kam dann das Ende der Radiozeit von Manni Breuckmann beim Radio. Altersteilzeit nennen die das beim öffentlich-rechtlichen System (ach, wäre ich mal beim WDR geblieben – dann müsste ich nicht dieses Buch schreiben und wäre wie Manni in Altersteilzeit). Altersteilzeit ist ab sofort auch mein Lieblingswort in diesem Buch. Genau in diesem Dezember kam Manni in meine Firma, wo wir gemeinsam ein Hörbuch besprachen (»Mörderischer Fußball« – ein wirklich gutes Produkt, das kein Mensch später kaufen wollte ...). Manni schwor Stein und Bein darauf, dass er nicht süchtig nach einem Mikrofon und einem Fußballstadion sei. Ich sagte ihm damals: »Für mich steht fest, dass du ein Wiederholungstäter bist! Du kannst gar nicht anders!« Zusammen mit seinem außergewöhnlich schönen Hund (das war ein absoluter Typ für Film und Fernsehen) stritt er dieses energisch ab – um dann doch eines Tages beim Internetradio »90elf« wieder zu kommentieren. Dieser Beruf hat nun mal einen Suchtfaktor – nur wer gesteht sich schon selbst seine Sucht ein?

Gelegentlich sieht man Manni (also doch ein TV-Gesicht?) jetzt im sport1-»Doppelpass«. Manfred traut sich, zu allem eine Meinung zu haben. Er legt sich dann auch gerne mal mit Beckenbauer oder Hoeneß an – selbst auf die Gefahr, dass er nach Punkten verliert. K.o. wird Manni nie gehen, dafür ist er zu standfest. Und wer ihn einmal für eine Moderation buchen möchte, der kann über ihn Folgendes lesen: Manni Breuckmann übernimmt die Moderation unterschiedlichster Veranstaltungen, von der Podiumsdiskussion über die Zukunft der ostwestfälischen Möbelindustrie bis zum Landesmedienball, vom Lehrlingstag der Bauindustrie bis zum »Sportler-des-Jahres«. Das nennt man dann Altersteilzeit und endlich weiß ich, warum ich immer so gerne Rundfunkgebühren bezahlt habe. Ach ja, aber in einer Disziplin habe ich Manni Breuckmann geschlagen.

Im Jahr 2000 überraschte er uns mit der Single-CD »I'm your Radio« – der Titel war kein Nummer-1-Hit – ich dagegen war mal die Nummer 1 in der »ZDF Hitparade« – und dennoch träume ich bevorzugt von der Altersteilzeit ...

FRAGE 14 1990 ...

Deutschland spielte eine tolle WM in Italien und wurde mit dem 1:0 über Argentinien verdient Weltmeister. Erstmals gab es das gleiche Endspiel wie bei der WM zuvor. Die Revanche glückte also. Franz Beckenbauer wurde als zweiter Nationaltrainer der Welt damit Weltmeister als Spieler und Trainer. Aber wer war der Erste?

A. Socrates (Brasilien)

B. Pelé (Brasilien)

C. Zagallo (Brasilien)

D. Hector (Uruguay)

ITALIEN WM 1990

STEFFEN SIMON
DER ÖFFENTLICH RECHTLICHE

JAHRGANG 1965

Geboren in Berlin
Steffen Simon startete seine journalistische Laufbahn bereits als
Schülerreporter beim Radiosender RIAS Berlin.

BERUFLICHE LAUFBAHN

1985	Start als Redakteur und Moderator bei verschiedenen ARD-Hörfunksendern
1994–1998	Moderationen beim SFB, ORB sowie bei der ARD-»Sportschau«
1998-2000	Wechsel zu SAT.1 und Moderation der Bundesliga-Show »ran«
2000	Rückkehr zur ARD und Leiter der Sportredaktion des ORB
2003	Leiter der ARD-»Sportschau«
2006	Sportchef des WDR, kommentiert bei Fußball-Welt- und Europameisterschaften

Im November 1989 moderierte Steffen Simon als SFB-Reporter das
mehrstündige Konzert für Berlin aus der Berliner Deutschlandhalle.
Dieses erste große deutsch-deutsche Rockkonzert wurde deutsch-
landweit live im Radio und im Fernsehen übertragen.

Steffen Simon ist ein Kommentator, den die Leute entweder lieben oder hassen. Ich kenne Menschen, die halten ihn für den besten Fußballkommentator überhaupt, das Nonplusultra. Im Netz – und nicht nur da – kriegt Steffen Simon regelmäßig ordentlich einen drauf. Aber auch hier gilt die Regel: Wer 50 Prozent Zustimmung hat, der ist gut und muss sich keine Sorgen machen. Und diese Zustimmung hat er. Sorgen machen muss er sich sowieso nicht. Steffen Simon ist Sportchef des Westdeutschen Rundfunks und somit gesetzt für bestimmte Spiele.  Damit steht er natürlich auch in einem Arbeitsverhältnis, das man sonst fast nur beim Finanzamt erreicht. Siehe dazu auch »Altersteilzeit« im Kapitel zuvor. Aber Steffen Simon ist davon noch weit entfernt.

Sportreporter versuchen sich immer wieder auch in fremden Metiers. Viele von uns verspüren den seltsamen Drang, etwas ganz anderes zu machen. Das gilt auch für mich. Ich habe früher einmal eine Quizsendung und »Ein Tag wie kein anderer« für RTL moderiert. Ich hatte damals tatsächlich die Hoffnung, ein neuer Thomas Gottschalk zu werden oder wenigstens Markus Lanz.

Steffen Simon hatte kurzfristig die Fußball-Satire »Schnauze Simon«. Er wollte den Kabarettisten geben, was beim Publikum aber gar nicht ankam. Es hagelte ausschließlich schlechte Kritiken. Ein Unterhaltungstalent, das wurde in dieser Sendung klar, hat er tatsächlich nicht. Was er tat, wirkte künstlich und aufgesetzt. Es war für ihn die falsche Bühne. Jetzt kommt ein völlig neuer Satz: Schuster, bleib bei deinem Leisten!

Aber das ist nicht schlimm. Als Fußball-Kommentator macht Steffen Simon seinen Job ordentlich. Ich nenne seinen Stil eine gute Mischung aus Béla Réthy, Tom Bartels und Werner Hansch. Er ist sehr akribisch, gibt sich immer viel Mühe, ausländische Namen getreu der jeweiligen Landessprache auszusprechen – was für uns deutschen Kommentatoren so etwas wie eine Lieblingsdisziplin darstellt. An manchen Stellen wird er ganz enthusiastisch, hat aber dabei natürlich nicht den Sound und den Tonfall eines Werner Hansch. Diese natürliche Gabe hat man – oder man hat sie nicht. Steffen Simons Stimme ist nicht besonders prägnant, vielleicht trägt das dazu bei, dass er manche Leute so sehr nervt.

So schoss die Frankfurter Allgemeine Zeitung im Mai 2013 nach der Übertragung des Bundesliga-Relegationsspiels zwischen Kaiserslautern und Hoffenheim völlig über das Ziel hinaus, als sie im Feuilleton »Platzverweis für einen Reporter« forderte.

Simon habe einseitig für Kaiserslautern Partei genommen, lautete der Vorwurf. Der Kritiker unterstellte Simon Unfähigkeit und forderte, ihn aus dem Verkehr zu ziehen. Das Ganze war so überzogen und respektlos, dass ich mich fragte, ob der Schreiber vielleicht ein fanatischer Hoffenheim-Anhänger ist. Aber gibt es die eigentlich? Vielleicht hatte er sich auch durch die Anti-Simon-Kommentare im Netz angestachelt gefühlt, einmal richtig draufzuhauen. Wie auch immer, es war schrecklich.

Als Kommentator ist Steffen Simon sehr experimentierfreudig. Einmal versuchte er bei einem 0:5 des 1. FC Köln in Dortmund einen ironischen Spiel-Kommentar in der »Sportschau«. Die Kölner Fans im Stadion hatten die Begegnung mit Humor genommen (was bleibt dem Kölner auch oft anderes übrig – obwohl der FC ja jetzt mal wieder vor dem Aufstieg steht) und trotz allem wie verrückt gefeiert. Steffen Simon wollte die heitere Stimmung in seinen Kommentar übertragen.

So beschrie er die zwei einzigen Schüsse der Kölner auf das Dortmunder Tor wie Treffer in einem WM-Finale. Wie üblich erntete er extreme Reaktionen. Die einen feierten ihn als den lustigsten Fußballkommentar aller Zeiten, die anderen fanden es ganz grauenhaft, total daneben.

Es ist das alte Problem: Ironie wird leider oft nicht verstanden. Gleiches gilt für Witze.

Davon kann auch ich ein Lied singen. Als Michael Schumacher einmal Weltmeister mit Ferrari wurde, war ich als Reporter für RTL im Firmensitz Maranello. Aus Jux erzählte ich, dass alle Ferrari zur Feier des Tages nur 50 Prozent des normalen Preises kosteten. Ein Zuschauer ist tatsächlich dort hingefahren, um sich einen zu kaufen. Der war ziemlich sauer auf mich! Es gab leider einen solchen Rabatt nicht.

Aber wieder zu Steffen Simon. Er ist – wie gesagt – WDR-Sportchef, und zwar ein sehr fleißiger. Er macht sehr viel. Dadurch unterscheidet er sich gelegentlich von anderen Sportchefs.

Denn es ist immer die Frage, ob der Chef wirklich so viel moderieren und kommentieren sollte, ob er sich nicht lieber noch stärker um das Administrative und Drumherum kümmern sollte. Man macht sich vor seinen Mitarbeitern angreifbar. Diese schauen auch in die Foren und

Zeitungen und bekommen mit, was über den Chef so alles verbreitet wird.

Manfred Loppe von RTL hält sich zum Beispiel völlig im Hintergrund. Er hat nur eine kurze Zeit als Moderator und Interviewer auf dem Bildschirm gehabt. Diese Tätigkeiten waren dann vielleicht auch nicht so seine Domäne. Genauso wie Dieter Gruschwitz vom ZDF und Burkhard Weber von Sky, der früher viel kommentiert hat. Weber dagegen beherrschte durchaus auch den Job des Kommentators und Moderators. Als ich vor 25 Jahren Sportchef von RTL war, war ich häufig im Bildschirm-Einsatz. Aber das war eine ganz andere Zeit, heute würde ich das so nicht mehr machen.

Natürlich muss jeder selbst entscheiden, wie er seinen Job definiert und ausübt. Steffen Simon ist mutig und macht viel. Er sagte einmal, dass er seinen Namen aus Selbstschutz nur selten googelt. Ein weiser Satz, den ich auch zu befolgen versuche – aber gelegentlich der Versuchung erliege: Und dann wird es schlimm für mich und auch für Steffen Simon.

FRAGE 15 1994 ...

Also, ich habe diese WM-Lieder mit der deutschen Nationalmannschaft immer gemocht. Udo Jürgens verkaufte stets
Unmengen von diesen Songs. Auch Michael Schanze war
mit den begnadeten Sängern 1982 vor der WM in Spanien
hoch in den Charts. 1994 sollte es dann ein Welthit werden.
Aber wie hieß/hießen damals der/die Vorsänger für das
WM-Lied in den USA?

A. Beach Boys

B. Village People

C. Frank Sinatra

D. The Monkees

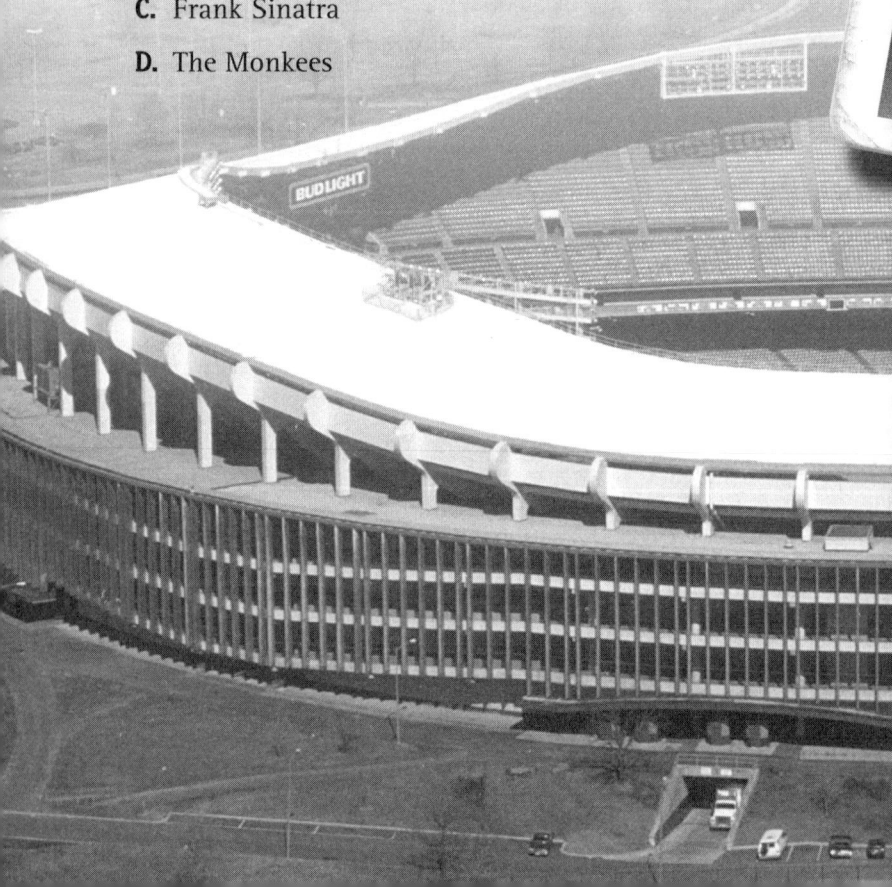

WWW.GTVH.DE/WM-GEWINNSPIEL

USA WM 1994

WERNER HANSCH
KOHLE, STAHL UND
HERZLICHKEIT

JAHRGANG 1938

Geboren in Recklinghausen
Nach der Schulzeit studierte er Jura und Neue Geschichte. Dieses
Studium brach er im fünften Semester ab, als innerhalb von vier
Wochen seine Eltern starben.

1962-1965 Pädagogikstudium
1965-1968 Anstellung als Lehrer
1972-1976 Studium der Soziologie und Politik
1976   Abschluss des Studiums als Dipl.-Sozialwissenschaftler

BERUFLICHE LAUFBAHN

1969   Sprecher auf der Trabrennbahn u.a. Recklinghausen
1973   Stadionsprecher Schalke 04
1974   Stadionsprecher Fußball-WM in Gelsenkirchen
1978   Reporter beim WDR-Radio
1990   Reporter der ARD-»Sportschau«
1992   Wechsel zu SAT.1 »ran«
2003   Werner Hansch kommentiert Fußball-Europapokal-
          spiele bei SAT.1
2006-2009 ARENA Pay-TV

Unruhestand – Werner Hansch moderiert auch heute noch Galas
und tritt als Gast immer wieder in Talkshows auf.

Der Mann ist Jahrgang 1938. Einer von uns. Ein Schalker. Er kommt aber aus Recklinghausen. Das liegt zwischen Schalke und Dortmund und fordert schnell im Leben eine Entscheidung. Blau-Weiß oder Schwarz-Gelb. Werner Hansch hatte sich aber zunächst einmal für Rennpferde entschieden. Trabrennpferde genauer gesagt. Etwas preiswerter als Galopprennpferde – und deshalb gab es mal eine Zeit im Ruhrgebiet, da hielten sich viele Menschen als Hobby einen Traber. Man ging zur Rennbahn. Nach Gelsenkirchen, nach Recklinghausen oder Dinslaken. 25.000 Zuschauer waren damals keine Seltenheit bei den Events (die damals so noch nicht hießen ...) und Heinz Wewering der erklärte Star im Sulky. So populär wie ein Spieler von Schalke oder Dortmund. Werner Hansch kommentierte diese Sportart wie kein Zweiter. (Obwohl: In diesem Zusammenhang muss man noch Dietmar Schott vom WDR-Hörfunk nennen, der ebenfalls ein begeisterter und sensationell guter Kommentator dieser Sportart war.) Zeitweise hatte man das Gefühl, Werner Hansch sei selbst ein Pferd – und das mit einem Abschluss als Dipl.-Sozialwissenschaftler in der Tasche. Aber stets hatten die Zuhörer das Gefühl: Das ist einer von uns – ein Malocher. Mit Fußball hatte Werner Hansch bis dahin eigentlich wenig am Hut. Dann aber schlug das Schicksal zu. In der Glückauf-Kampfbahn, der damaligen Heimstätte des siebenmaligen deutschen Meisters Schalke 04 (Wenn man Kinder fragt: »Wie oft war Schalke Meister?«, bekommt man immer die Antwort: »Noch nie!« – es sei denn, das Kind ist übermäßig gebildet!) erkrankte der Stadionsprecher. Günter Siebert, umtriebiger Präsident der Schalker und natürlich auch gelegentlich als Zocker auf der Trabrennbahn, ließ sofort Werner Hansch von den Pferden kommen und setzte diesen an das Stadionmikrofon. Die Zuschauer in der Kampfbahn staunten nicht schlecht, als ihnen Werner die Aufstellung verkaufte: Mit der Startnummer 1 im Tor Norbert Nigbur (der später tatsächlich Nationaltorwart und Trabrennfahrer wurde), mit der Startnummer 7 auf Rechtsaußen Reinhard »Stan« Libuda. Die Fans schmunzelten und liebten sofort die unglaublich sonore Stimme von Werner Hansch. Wetten durfte man auf die Spieler damals übrigens nicht. Aber noch ahnte niemand, welch großartige Karriere dieser Schelm machen würde. Kurt Brumme (ein Mann, der auch in meinem Leben eine große Rolle

spielte) holte dann Werner Hansch in die WDR-Hörfunk-Reporterriege. Wir wurden Kollegen. Zur gleichen Zeit hatte mein Bruder Norbert ebenfalls Blut geleckt, was das Thema Reportagen anging. Wir zwei waren stets auf den Galopp- und Trabrennbahnen in Deutschland als Fans unterwegs und ich kam auf die Idee, Werner Hansch einmal darauf anzusprechen, ob mein Bruder das Kommentieren auf der Bahn in Dinslaken nicht einmal ausprobieren könne. Werner ermöglichte sofort eine Probereportage und heute, gut 30 Jahre später, schreit mein Bruder Traber wie Gänseblümchen oder Waldhexe immer noch nach vorne. Für die Familie Potofski hat sich der Kontakt also gelohnt.

Millionen von Fans eroberte Werner Hansch, die Stimme des Ruhrgebiets, wie man ihn nannte, zunächst über die

Konferenzschaltungen im Dampfradio. Genau die richtige Bezeichnung für ihn, denn er ließ mächtig Dampf in seinen packenden Schilderungen ab. Es folgte nach mehr als einem Jahrzehnt Rundfunk der Schritt zum Fernsehen. SAT.1 und die Fußballshow »ran« wurden 1992 seine neue Bühne. Lag seine Beliebtheit im Radio bei bestimmt über 90 Prozent, so reizte die blumige Sprache von Hansch im TV doch den einen oder anderen Gegner. Vornehmlich im Süden der Republik, wenn Werner einen Schalker oder Dortmunder Sieg über die Bayern etwas zu euphorisch feierte. Ja, ja ... damals gab es solche Erfolge durchaus noch.

Wenn man Werner Hansch persönlich kennen lernt, dann hat man das Gefühl, das ist doch nicht der laute Typ vom Mikrofon. Stets kultiviert, ein Gentleman vom Scheitel bis zur Sohle. Belesen und gebildet – erstaunlich für den einen oder anderen, dass sich ein solcher Mann überhaupt für Fußball interessierte. Aber beim Fußball traute sich Werner Dinge volkstümlich beim Namen zu nennen – er sprach wohl als Erster auf einem Sender von einem geilen Tor. Sprachschützer erregten sich – kein Wunder bei diesem Wort. Besonders liebte man ihn aber wegen seiner wunderbaren Sprüche. Hier einige Beispiele:

Nürnberg spielte in der ersten Halbzeit wie eine Mischung aus Lebkuchen und Bratwurst.

Ja, Statistiken. Aber welche Statistik stimmt schon? Nach der Statistik ist jeder vierte Mensch ein Chinese, aber hier spielt gar kein Chinese mit.

Früher war es ein Privileg, einen schlechten Geschmack zu haben. Heute hat ihn jeder!

Nein, lieber Zuschauer – das ist keine Zeitlupe. Der läuft wirklich so langsam!

Man kennt das doch: Der Trainer kann noch so viel warnen. In einem Pokalspiel gegen einen unterklassigen Gegner spielt jeder Spieler automatisch 10 Prozent weniger gut und bei elf Mann sind das schon 110 Prozent.

Humor wird allerdings immer und bekanntermaßen sehr unterschiedlich empfunden und so konnte nicht jeder über den Werner-Hansch-Humor lachen. Werner hat aber alle Anfeindungen locker überlebt und sogar in einigen Spielfilmen mitwirken dürfen.

In »Heartbreakers«, »Kleine Haie« und nicht zu vergessen in »Rennschwein Rudi Rüssel« I und II. Hätte Günter Siebert einst diese Karriere geahnt, er hätte bestimmt auf Lebenszeit Provisionen von Werner Hansch verlangt.

FRAGE 16 1998 ...

Am 12.7.1998 gewann Frankreich in Paris 3:0 gegen Brasilien zum ersten Mal den WM-Titel. Für Verwirrung sorgte damals bis wenige Minuten vor dem Spiel Brasiliens Stürmerstar Ronaldo. Aber warum?

A. Er stand unter Dopingverdacht.

B. Er hatte verschlafen und war nicht pünktlich bei der Mannschaft erschienen.

C. Er stand nicht auf dem Spielberichtsbogen.

D. Er forderte kurz vor dem Spiel eine Prämie von einer Million Dollar.

FRANKREICH WM 1998

WOLFF-CHRISTOPH FUSS
GENERATION INTERNET

JAHRGANG 1976

Geboren in Ehringhausen
Nach dem Abitur studierte er Wirtschaftswissenschaften in Stuttgart.
Seine ersten journalistischen Schritte machte er als freier Mitarbeiter für das Radio und für Zeitungen und wechselte dann in die Online-Redaktion des DSF (später Sport 1).

BERUFLICHE LAUFBAHN

1997	beginnt er als Fußball-Kommentator bei DF 1, ESPN und Sport 1
1999-2009	Kommentator beim Pay-TV-Sender Premiere (später Sky)
2009	Wechsel zu Liga Total und SAT.1, kommentiert Champions-League- und UEFA-Cup-Spiele
2012	Rückkehr zu Sky als Fußball-Kommentator

Neben Fußball kommentiert Wolff-Christoph Fuss auch Box-Events. Darüber hinaus ist er in Unterhaltungssendungen wie »Elton zockt – Live« als Kommentator zu hören.

Die junge Generation (aber nicht nur die!) steht auf Wolff-Christoph Fuss. Er ist nun wirklich kein Fußballreporter der alten Schule. Nein, er benutzt das Internet als Informations- und Inspirationsquelle wie wohl kaum ein anderer in dieser Szene. Ich würde so weit gehen zu behaupten: Er spricht so, wie das Internet funktioniert. Schnell. Punktuell. Witzig. Manchmal etwas abgehackt, vor allem, wenn kein gutes Netz zur Verfügung steht. Die Geschwindigkeit eines guten Fußballspiels ist dann auch sein Tempo. Hält das Spiel nicht, was sich Wolff-Christoph Fuss davon versprochen hat, dann sagt er, es sei »suboptimal«. Dem Wortsinn nach meint er also: Das Spiel ist nicht der große Bringer. Da das Wort in dieser Bedeutung irgendwie auch etwas gestelzt wirkt, setzte Wolff-Christoph Fuss den Begriff gerne mit einem ironischen Unterton ein. Das Wort kennt man eigentlich erst so richtig seit dem Jahre 2005. Der damalige Kanzler und Fan von Borussia Dortmund, Hannover 96 und Energie Cottbus (als ob das in dieser Kombination gehen würde!) Gerhard Schröder hatte seinen eigenen Auftritt nach der »Elefantenrunde« im Fernsehen so bezeichnet. Danach hat »suboptimal« seinen Siegeszug im Vokabular von Sportreportern angetreten. Alle oder fast alle haben das Wort von nun an gerne benutzt. Klingt ja auch irgendwie elegant. Wolff-Christoph Fuss besonders häufig.

Ich habe es ihm dann mal gesagt – und seit diesem Hinweis höre ich es fast gar nicht mehr von ihm.

Generell kann es einem als Reporter passieren, dass man sich in ein Wort »verliebt«. Ich selber habe früher gerne und oft »fulminant« gesagt. Mein damaliger Chef Kurt Brumme (der einst im Radio die Konferenzschaltung erfunden hat) sagte mir dann: »Kleben Sie sich das Wort auf einem Zettel an ihre Kommentatorenbox« (in den 60er- und 70er-Jahren saß der Fußballreporter gerne hinter Glas oder Plastik) – dadurch sah man nun das Wort ständig und man benutzte es weniger. Derzeit höre ich »fulminant« aber immer mal wieder laut und gerne ausgesprochen bei allen Kolleginnen und Kollegen. Hier muss ich aber auch gleich hinterlassen, dass ich ein großer Fan von Fritz bin. Wirklich niemand sagt schöner »eijeijeijei« und derartige Begriffe im TV als er – und das bei hohem Sachverstand und großem Unterhaltungswert.

Aber zurück zum Kollegen Fuss. Er verkörpert für mich auch den Typus Popstar in unserem Gewerbe. Er wirkt schon alleine durch seine Optik poppiger und jünger als – na sagen wir mal Fritz von Thurn und Taxis. Okay, ich gebe es dann auch gleich zu: Das war ein Vergleich, der gar kein anderes Ergebnis zuließ. Sabine Töpperwien sagt es besonders gern. Vielleicht Zeit für einen Zettel. Es ist dann heute auch so, dass man in anderen Sendungen auftritt und zum Beispiel den Gast in der »Harald Schmidt Show« gibt. Harald Schmidt liebt Fuss alleine schon aus dem Grund, weil Fuss auch gelegentlich respektlos kommentieren kann. Fuss selbst allerdings hat Respekt als eine seiner Grundtugenden beschrieben – aber Respekt ist wohl auch Ansichtssache. Wolff-Christoph hat den Auftritt mit Bravour und Humor sehr gut absolviert – und das trifft ganz sicher nicht auf jeden von uns zu, wenn wir in Spielshows und Talksendungen etwas zu aufgedreht über den Bildschirm gehuscht sind. Markus Lanz und seine Gesprächsrunden über Fußball im ZDF sind da ein besonders interessanter Anschauungsunterricht. Fuss hat jede Menge Erfahrung gesammelt und einige Sender erlebt. Seine Stationen hießen DF1, Sport1, ESPN, Premiere, SAT.1 und aktuell Sky. Immer wenn irgendwo ein Starreporter gesucht wird (zuletzt RTL für die Übertragung der WM-Qualifikation 2018), dann fällt auch sein Name. Das ist schon irgendwie eine Auszeichnung. Experten bezeichnen seinen Stil als »negativ vorbeugend«. Fragt man ihn selber nach seinem Stil, dann nennt er ihn »ausgewogen emotional« und »immer am Spiel orientiert«. Wobei Letzteres wirklich eine Selbstverständlichkeit sein sollte, aber ganz sicher nicht immer der Fall ist. Fuss weiß um die Tücken seines Berufs. Seine Aussage ist richtig, wenn er sagt, dass man als Reporter einpacken kann, »wenn dem Zuschauer deine Stimme nicht gefällt«. Der Fußballreporter ist der 23. Mann, der nicht eingeladen wurde. Die Zuschauer schalten den Fernseher ja nicht ein, weil sie den Reporter hören wollen, sondern weil sie einfach das Spiel sehen wollen. Man wird dem Zuschauer aufs Auge gedrückt! Halt, halt. Doch ein Fehler. Eher aufs Ohr gedrückt. Wäre ja noch schlimmer, wenn der Zuschauer uns die ganze Zeit sehen würde! Recht hat er aber, wenn er fortfährt und sagt »der Zuschauer weiß in der Regel ebenso viel wie wir und er will nicht belehrt werden, sondern bestenfalls begleitet«. Natürlich gibt es auch Menschen (Gott sei Dank, Wolff-Christoph!) die den Jungstar am Mikrofon nicht leiden können. Er ist ihnen zu witzig, zu laut, zu schnell, einfach zu aufgeregt. Er muss sich aber keine Sorgen machen, solange er bei Umfragen wie in der Sport Bild »Wer soll das Champions-League-Finale kommentieren?« mit über

60 Prozent der Stimmen vorne liegt. Ja, es gibt Fußballzuschauer, die einfach nur vor dem Fernseher sitzen und eigentlich keinen Reporter hören wollen. Da sie aber auf die Stadiongeräusche nicht verzichten wollen, nehmen sie den Kommentator nur billigend in Kauf. Für diese Sportkameraden wünschen wir Sportreporter uns eigentlich für alle Sender den Zweikanalton. Option 1: Mit Kommentator. Option 2: Nur die Stadiongeräusche. Dann gebe es keinen Anlass zur Kritik. Dann müssten die Zuschauer aber auch auf so einige Floskeln verzichten:

- *hüben und drüben*

- *Es brennt lichterloh im Strafraum.*

- *Den Bock umstoßen.*

- *Den Schalter umlegen.*

Wolff-Christoph Fuss hat alle diese schönen Standardbegriffe aus seinem Sprachgebrauch getilgt. Ich schwöre Ihnen: Das ist gar nicht so einfach. Normalerweise müsste Wolff-Christoph Fuss auf Dauer auch ein Kandidat für die große Show sein. Kommentatoren aus dem Sport wie unter anderem Wim Thoelke, Johannes B. Kerner haben das ja schon vorgemacht – hilfreich dabei kann auch eine hübsche, junge, leicht schräge Frau sein. Wolff-Christoph Fuss hat sich für die Moderatorin Anna Kraft entschieden. Ganz sicher keine suboptimale Partnerin – dieses Geschäft ist lauter und schriller geworden und Wolff-Christoph Fuss ist trotz aller Bemühungen, sachlich und sportorientiert zu wirken, der ideale Protagonist in der Show Fußball. Wir werden noch viel von ihm hören und sehen. Im Internet, im Fernsehen und im Leben.

FRAGE 17 2002 ...

Die Schiedsrichter standen bei der WM in Asien ziemlich in der Kritik. Eine Nation traf es dabei ganz besonders. Nach Meinung ihrer Fans wurden fünf reguläre Tore hintereinander nicht anerkannt. Welche Nation hatte dieses Pech?

A. England

B. Türkei

C. Italien

D. USA

JAPAN/SÜDKOREA WM 2002

JOHANNES B. KERNER
DER MANN FÜR ALLE FÄLLE

JAHRGANG 1964

Geboren in Bonn
Nach dem Abitur studierte Johannes B. Kerner Betriebswirtschaft
und machte bereits während des Studiums erste journalistische
Schritte in der Sportredaktion des Sender Freies Berlin.

BERUFLICHE LAUFBAHN

1986	Volontariat beim SFB, danach Reporter in der Sport-redaktion
1992	Wechsel als Moderator zu SAT.1, moderiert die Fuß-ballsendung »ran« und die Talk-Show »Kerner«
1997	Wechsel zum ZDF, moderiert das »aktuelle sportstudio« und »Die Johannes B. Kerner Show«, berichtet von Fußballweltmeisterschaften und Olympia
2005-2009	gründet eigene Produktionsfirma und produziert TV-Formate
2009-2013	Rückkehr zu SAT.1, darüber hinaus moderiert er Fuß-ball bei LIGA total
2013	moderiert beim ZDF, u.a. die Unterhaltungssendung »Quiz Champion«

Johannes B. Kerner engagierte sich als Botschafter für die Fußball-Weltmeisterschaft 2006 der Menschen mit Behinderung in
Deutschland.
Er wurde mehrfach für seine Moderationen ausgezeichnet, u.a. mit
dem »Goldenen Löwen«, der »Goldenen Kamera«,
dem »BAMBI« und dem »Deutschen Fernsehpreis«.

Wenn ich an Johannes B. Kerner denke, dann fällt mir zuerst ein, dass er früher einmal, vor vielen Jahren, genauso dick war wie ich. Oder fast. Beim Sender Freies Berlin, wo er Ende der 80er-Jahre anfing, saß ein dicklicher junger Mann im Studio; in Anzügen, die seine Figur kaschieren sollten, die mindestens so voluminös waren wie meine. Eigentlich dürfen Dicke ja gar nicht ins Fernsehen.

Wenn ich Kerner, mich oder Wim Thoelke (viel früher!) im TV gesehen habe, musste ich immer an den Western-hagen-Song »Dicke« denken – und habe mich geschämt.

Johannes B. Kerner moderierte damals schon Sport-sendungen und war sehr auffällig. Ich dachte mir: »Das ist ein guter Typ, das wird einer.« Ich bin da überheblich. Ich kann ziemlich sicher vorhersagen, wer eine größere Nummer wird und wer vielleicht nur am Rand eine Rolle spielt. Meine Trefferquote liegt bei mehr als 80 Prozent. Kerner kannte ich nicht persönlich, ich sah ihn nur und wusste, dass aus ihm etwas werden könnte. Denn er hatte eine sehr nette, sympathische und natürliche Art.

Dann kam die Fußballshow »ran« auf SAT.1, die Kerner im Wechsel mit Reinhold Beckmann moderierte. Sie profi-tierten dabei auch von unseren RTL-Sendungen »Anpfiff« und »Finale«, wir hatten vorher schon die neue Art der Sportmoderation eingeführt. Diese war konträr zu der, die man aus dem öffentlich-rechtlichen Fernsehen kannte. Man ließ die Krawatte weg, man kam in Jeans, man trat lockerer auf. Diesen natürlichen Stil perfektionierten Kerner & Co.

Er nahm ein wenig von der ganz chaotischen Art zu-rück, die uns am Anfang bei RTL zu eigen war, er fand einen Mittelweg zwischen privat und öffentlich-rechtlich. Zweieinhalb Jahre lang war »ran« eine prägende Sport-sendung. Und Kerner war dafür ein perfekter Protagonist.

Was Sebastian Hellmann im Jahr 2014 ist, war Johannes B. im Jahr 1994: der Prototyp des erfolgreichen Moderators. Ein junger Dieter Kürten in der Version des Privatfernsehens. Er hatte bei SAT.1 auch eine tägliche Talkshow und machte das alles prima. Wobei man über die Inhalte der Talkshow durchaus streiten konnte. »Hilfe! Meine Frau geht fremd!«

Zu den Sportlern fand Johannes B. (das B steht für Baptist) auf freundliche Art einen Zugang. Man merkte, dass er sich für Fußball ehrlich interessierte und in ihm nicht nur eine Möglichkeit sah, Karriere zu machen. Wichtig finde ich außerdem: Er denkt nicht nur in Viererketten, wenn er über Fußball spricht. Du merkst, dass er über den Tellerrand schaut und auch den ganz normalen menschlichen Aspekt im Sinn hat.

Fußballer schießen nicht absichtlich aus fünf Metern über das Tor oder spielen bewusst schlecht. Der Mensch ist nicht perfekt und Fußballer schon mal gar nicht. Das hat Kerner immer berücksichtigt. Ich attestiere ihm zudem eine hohe soziale Kompetenz. Er behandelt Menschen immer gleich, ob Beckenbauer mit ihm spricht oder ein unbekannter Drittligaspieler. So wie Kerner in natura ist, ist er auch im Fernsehen, er ist authentisch – ich halte das für eine große Kunst.

Nachdem Kerner 1996, inzwischen erschlankt, zum ZDF

gegangen war, machte er so gut wie alles: Sport hier, eine Show da. Er moderierte unter anderem das »aktuelle sportstudio«, und am Ende ganz viele Unterhaltungssendungen. Das war ein Fehler. Man sprach damals zu Recht von der Kernerisierung des deutschen Fernsehens. Alles sollte wie Kerner sein, das war übertrieben und führte zu einer Übersättigung. Er verlor auch etwas von seiner Natürlichkeit. Er war jetzt einfach zu dünn!

In unserem Job musst du begreifen, dass du besser weniger machst, denn sonst gehst du den Leuten auf den Zeiger. Kerner begriff das nicht ganz. Er machte seine gesammelten Sendungen zwar nicht schlecht. Doch es ist wie mit der Schokolade. Du isst zwei Riegel und denkst: lecker! Beim dritten Riegel denkst du schon: Naja ... Irgendwann ist es zu viel und dir wird schlecht.

Es ist genau das, was mit Moderatoren passiert, die es übertreiben. Wer zu oft im Fernsehen zu sehen ist, wirkt nicht mehr authentisch. Irgendwann denkt der Zuschauer: Der ist ja immer fröhlich oder immer betroffen. Oder, im schlimmsten Fall: Wie kann er in so kurzer Zeit von fröhlich auf betroffen umschalten? Im allerschlimmsten Fall denkt der Zuschauer: Der moderiert auch an einer roten Ampel. Hauptsache Rotlicht.

Johannes B. machte in meinen Augen einen weiteren Fehler, als er 2009 zu SAT.1 zurückging. Er hatte dort eine wöchentliche Show mit Gästen – und man konnte sehen, wie unwichtig Moderatoren eigentlich sind. Zwar wurde die Sendung überall groß auf Plakaten angekündigt, die Quoten waren trotzdem schlecht und sanken immer weiter. So unbedeutend war Kerner plötzlich. Und so unbedeutend sind wir alle. Das Spiel (oder das Format) macht die Quote. Nicht der Kommentator oder Moderator. Die

Form der SAT.1-Show taugte nichts, die Leute hatten genug davon. Der Sender glaubte aber, die Menschen schauten wegen Kerner Fernsehen. So etwas aber ist eher sehr selten. Vielleicht gilt dies gelegentlich für Günther Jauch. Kerner hat sich überschätzt, der Sender machte denselben Fehler. Aber Johannes hat gelernt. Er hat eine Pause eingelegt und ist seit 2013 zurück beim ZDF – und irgendwie ist er wieder der alte Johannes B. und »funktioniert« auch wieder ... Wenn er jetzt auch wieder so dick wie zu Zeiten seiner ersten öffentlichen Auftritte werden würde, vielleicht fängt dann wirklich alles wieder von vorne an.

FRAGE 18 2006 ...

Bei der ersten Fußball-WM 1930 gab es vielleicht 100 Journalisten, die über Fußball berichten wollten. Bei der Weltmeisterschaft 2006 konnte man mit den Medienvertretern ein Stadion füllen. Wie viele Journalisten waren akkreditiert?

A. 21.000

B. 9.000

C. 10.000

D. 14.000

WWW.GTVH.DE/WM-GEWINNSPIEL

DEUTSCHLAND WM 2006

SEBASTIAN HELLMANN
DER PROTOTYP

JAHRGANG 1967

Geboren in Bielefeld
Nach dem Abitur studierte er Medien und Kommunikation. Schon während des Studiums absolvierte er ein Praktikum im Sportarchiv des WDR und arbeitete später als freier Mitarbeiter in den Sportredaktionen von RTL und SAT.1.

1991-1994 Studium an der Deutschen Sporthochschule in Köln

BERUFLICHE LAUFBAHN

1999   startet als Moderator bei Premiere (später Sky),
            moderiert die Spiele der Fußball-Bundesliga, der
            UEFA Champions League und des DFB-Pokal
2006-2010 kommentiert die Computerspielreihe von EA-Sports

Sebastian Hellmann ist Hauptmoderator der Fußballbundesliga bei Sky.
2003 und 2005 wurde er für seine Moderation mit dem »Deutschen Fernsehpreis« ausgezeichnet.

Sebastian Hellmann ist vielleicht der Schönste aller Fußballreporter. Frauen wie Männer werden mir da mehrheitlich zustimmen. Beim Publikum hat er eine sensationelle Zustimmungsrate, die bei fast 90 Prozent liegt. Als Moderator bei Sky, er kommentiert allerdings keine Spiele. Wenn man kommentiert, macht man sich schneller unbeliebt. Es gibt aber nicht viele, die einen solch guten Akzeptanz-Wert erreichen.

Sebastian bringt das Profil mit, das in unserer Zeit das richtige ist: Er hat eine gewisse Lockerheit, er ist freundlich, aber nicht anbiedernd. Er hat eine gewisse Hartnäckigkeit beim Nachfragen, nervt seine Interviewpartner aber nicht durch zu viel Vehemenz. Seine Sprache ist moderat-modern, das heißt: nicht zwanghaft jugendlich oder enthusiastisch. Er hat, und das wird immer wichtiger in diesem Job, eine überragende Optik. Mich, der ich nicht so schön bin, irritiert das bisweilen. Aus Neid, wie ich in knallharter Selbstanalyse zugeben muss. Wobei Neid sonst ein Fremdwort für mich ist.

Schönere Menschen haben es in vielerlei Hinsicht leichter im Leben. Schönheit kann aber auch zu einem Nachteil gereichen. Weil viele Leute es darauf reduzieren und nicht mehr so genau hinhören, was der schöne Mensch sagt. Aber das trifft generell auf Frauen mehr zu als auf Männer.

Sebastians Kompetenz wird jedenfalls trotz seines guten Aussehens überall wahrgenommen, auch die Fußballer und Trainer mögen ihn. So sagte Hanno Balitsch einmal: »Unter den Moderatoren ist mein Favorit Sebastian Hellmann von Sky. Weil er fachlich kompetent ist und keine Scheu hat, auch mutige Fragen zu stellen.« Man kann Hanno Balitsch nur recht geben. Und so ist für mich Sebastian der Prototyp des Fußball-Moderators in unserer Zeit. So muss man sein, wenn man Erfolg haben will.

Trotzdem hat es Sebastian nicht immer einfach gehabt. Ich kenne ihn von RTL, wo er in den 90er-Jahren arbeitete. Er gehörte zur Clique von Tom Bartels und Florian König. Hans Mahr, der damalige Informationsdirektor des Senders, mochte Sebastians Optik überhaupt nicht. Er fand, der damals noch etwas langhaariger, junge Mann wirke halbseiden, und wollte ihn partout nicht auf den Bildschirm lassen. Man sieht: Auch ein Profi wie Mahr kann durchaus mal völlig falsch liegen.

Als Sebastian relativ neu bei Premiere war, hatte er einmal Trainer Christoph Daum als Gast in einer Sendung. Es war eines der ersten Live-Programme, das Sebastian machte. Daum nutzte die Unerfahrenheit seines Gegenübers aus und arbeitete sich auf unangenehme Art an Sebastian ab. Er ließ ihn abperlen, widersprach ihm, wo er nur konnte. Wenn Sebastian die spielerische Leistung gut fand, dann war sie für Daum schlecht. Kritisierte Sebastian die Deckung, bekam diese von Daum ein Lob. Und so weiter. Sebastian sah gar nicht gut aus. Derartiges würde ihm heute sicher nicht mehr passieren.

Der Sender schenkte ihm trotzdem weiter sein Vertrauen, was sehr wichtig war. So konnte Sebastian gestählt aus dieser Sache hervorgehen. Es hat ihm geholfen zu lernen, wie man mit solch schwierigen Situationen umgeht. Jeder entwickelt da seine Methoden. Wenn mich zum Beispiel jemand fragt, ob ich überhaupt Fußball gespielt hätte, dann behaupte ich: »Ich war Nationalspieler in Luxemburg.« Wenn sie fragen, ob ich hoch gespielt hätte, antworte ich: »Ja, auf dem Kahlen Asten.« Das ist immerhin der höchste Berg in Nordrhein-Westfalen. Dann sind die meisten erst mal irritiert und geben Ruhe.

Sebastian geriet damals ins Schwimmen, so etwas passiert ihm heute nicht mehr. Er hat sich ein Renommee erarbeitet. Manch ein Trainer, der bei Neulingen den Besserwisser heraushängen lässt, denkt sich: Der Moderator macht das seit 15 Jahren – womöglich lässt er mich schlecht aussehen, wenn ich stänkere.

Sebastian hat Eleganz und ist filigran unterwegs. Er ist ein Florettfechter, packt keinen Degen aus. Als Moderator hat er einen hohen Grad der Spezialisierung erreicht. Er ist bei Sky in der Expertenrunde beim Bundesliga-Topspiel im Einsatz. Und dann macht er noch eine ganz andere Sache, das »Fußball-Taxi«. Da sitzt er mit einem Spieler im Auto und unterhält sich mit ihm. Auch diese Interviewsendung funktioniert nach Anlaufschwierigkeiten sehr gut.

Sebastian ist, wie gesagt, der Inbegriff des modernen Fußballmoderators. Könnte man am Computer Komponenten zusammensetzen, um einen Moderator zu kreieren, der mit Sicherheit Erfolg hat, wäre es gut, hätte dieser ganz viele Eigenschaften von Sebastian. Nein, Sebastian stammt nicht aus dem Computer, er ist aus Fleisch und Blut – und das ist verdammt gut so.

FRAGE 19 2010 ...

Halbfinale in Südafrika. Deutschland gegen Spanien. 20:30 Uhr deutscher Zeit. Ein Straßenfeger. Ganz Deutschland sitzt vor dem Fernseher. Die GFK (Gesellschaft für Konsumforschung) misst die Einschaltquoten und etwas Erstaunliches tritt dabei zutage: Wie viele Deutsche haben sich das Spiel *nicht* angeschaut?

A. 10 Millionen

B. 23 Millionen

C. 49 Millionen

D. 8 Millionen

WWW.GTVH.DE/WM-GEWINNSPIEL

SÜDAFRIKA WM 2010

WALDEMAR HARTMANN
DER LEBENSKÜNSTLER

JAHRGANG 1948

Geboren in Nürnberg
Noch vor dem Abitur verließ Waldemar Hartmann die Schule, um als DJ zu arbeiten.
Erste journalistische Schritte machte er bei einem Zeitungs-Volontariat und schrieb Sportberichte. Zeitgleich eröffnete er seine eigene Kneipe »Waldis Club« in Augsburg. Seine Kontakte entstanden an der Theke, denn dort trafen sich auch Fußballspieler.

BERUFLICHE LAUFBAHN

1977	Freier Mitarbeiter beim Bayerischen Rundfunk
1979	Moderator der BR-Nachrichten-Sendung »Rundschau«
1985-2008	moderiert er die Kultsendung »Blickpunkt Sport« im BR
1990-2012	berichtet von elf Olympischen Spielen und fünf Fußball-Weltmeisterschaften
1992-1998	Redaktionsleiter der Sportredaktion des BR
2000-2012	Moderiert »Boxen« in der ARD
2006	startete »Waldi & Harry«, eine Sport-Comedy mit Harald Schmidt

Waldemar Hartmann ist nicht nur Sportmoderator, sondern auch Autor. 2009 wagte er mit sich seinem Live-Programm »Born to be Waldi« auf die Bühne. Er plauderte aus seinen mehr als 30 Jahren in der TV-Anstalt, erzählte die Anekdoten und Geschichten, die er im Fernsehen bisher immer für sich behalten musste.

Eigentlich lebt er schon im Ruhestand. Er könnte sich zurücklehnen und über die »verzweifelten« Aktionen unseres Berufsstandes lächeln. Immer wollen »wir« möglichst fünf Bälle in der Sport Bild haben. Das ist ein Bewertungssystem für Sportkommentatoren im Fernsehen. Jeden Mittwoch erscheint das Springer-Blatt mit diesen Kritiken – und alle Kollegen sagen: »Interessiert mich nicht, was da geschrieben steht.« Um dann am Mittwoch als Erstes ganz schnell auf die Fernsehseite der Sport Bild zu blättern, um nachzuschauen ... (»Wurde ich bewertet? Und wie?«). Es ist schon so eine kleine Währungstabelle für unseren Berufsstand, was da so kritisiert wird. Fällt die Bewertung gut aus, hat der Kritiker Ahnung. Fällt sie schlecht aus, hat er natürlich keinen Schimmer von unserem Job. Waldi (wie ihn ja alle nennen ...) findet in dieser Rubrik nicht mehr statt. Er schafft es locker auf die Seite 1 der Bild. »Größte TV-Blamage aller Zeiten!« Ja, da gehört er hin und nicht in eine kurze Kritik der Sport Bild. Waldemar Hartmann hatte beim Promi-Special von »Wer wird Millionär« zugesagt, als Telefonjoker zu agieren. Dumm nur, dass er vermutete, Deutschland hätte keine Heim-WM gewonnen. Der Sieg Deutschlands über Holland 2:1 (allerdings ein glücklicher Erfolg) war ihm abhanden gekommen. Er machte dann noch in der RTL-Sendung Werbung für sein Buch: »Da steht alles genauestens drin!« – um dann tagelang zum Gespött der Nation zu werden.

Wahrscheinlich bekommt er jetzt bald einen Werbevertrag für ein Lexikon.

Waldemar ist ein *Stehaufmännchen* – einer, der selbst in der Niederlage zum Gewinner wird. Der Wutausbruch von Rudi Völler ist unvergessen. Waldemar und Netzer wurden beschimpft und wurden von Völler in der Luft zerrissen. Waldi blieb ruhig. Nannte Rudi einfach Rudi. Man ist nun mal per Du, wenn man sich lange kennt, und er lächelte selbst bei dem Vorwurf, »Er hätte drei Weizenbier getrunken« – dann könnte man natürlich die Nationalmannschaft locker kritisieren. Volltreffer! Waldemar Hartmann bekam später einen Werbevertrag für Weizenbier – eine Art Lebensversicherung. Warum hat mich eigentlich nie einer öffentlich beschimpft? So nach dem Motto: »Was fährst du für kleine Autos?« – da kann man doch nicht über die Formel 1 berichten. Vielleicht würde ich heute dann für Porsche oder Mercedes Werbung machen. Am Ende sogar ein Modell dieser Firmen fahren ...

Ach ja, das Du-Thema. Dem guten Waldi wird ja vorgeworfen, er hätte wirklich jeden geduzt. Er sei geradezu eine Duzmaschine gewesen. Glaube ich nicht. Er kannte alle seine Duzfreunde wirklich gut. Manchmal merkt man bei anderen Kollegen, dass sie normalerweise mit ihren Gesprächspartnern auch per Du sind – aber das Interview etwas krampfhaft per Sie durchziehen. Ist es da nicht eigentlich ehrlicher, den Zuschauer darüber aufzuklären, dass man im normalen Leben auch per Du ist? Diese Frage wird in Redaktionen immer wieder diskutiert. Generell bin ich auch eher für ein klares Sie – aber auch nur, wenn der Gesprächsverlauf dadurch nicht unnatürlich wird.

Waldemar Hartmann war in meinen Augen immer ein

guter Moderator. Einer, der das Leben und den Sport liebte – das fühlte man eigentlich immer. Dem einen oder anderen war das nicht journalistisch genug. Aber genau deshalb ist Waldemar Hartmann zum Typ geworden. Für mich unvergesslich: Wir haben mal gemeinsam in einer Quizsendung als Sportteam Männlich gegen ein Sportteam Weiblich (die Namen der beiden Kolleginnen verschweige ich jetzt mal) unter der Moderation von Tommi Ohrner gespielt. Wir siegten mit 8:0 und Waldi freute sich darüber ein Loch in seinen Bauch.

Deshalb war eine Sendung wie »Waldis WM-Club« wie für ihn gemacht. Hier konnte er mit dem Publikum und seinen Gästen auf Stammtisch-ebene kommunizieren. Natürlich hat die Kritik ihn und die Sendung oft aufs Korn genommen – aber die Quoten stimmten immer. Waldemar Hartmann sind die merkwürdigsten Dinge passiert. Am 20. Januar 2007 erklärte er den Boxer Jürgen Blin vor über 7 Millionen Zuschauern für tot. »Pech« nur, dass Jürgen Blin sich bester Gesundheit erfreute. Aber Waldemar auf solche Ereignisse zu reduzieren, wäre ungerecht – er hat auch ungezählte Sendungen ohne Fauxpas über die Bühne gebracht. Generell ist Waldemar Hartmann auf diese Art und Weise berühmt geworden – und wer kann schon von sich behaupten, dass er monatlich in der Kolumne »Günter Hetzer« im »11 Freunde Magazin« die tollsten erotischen und trinkfesten Abenteuer der Welt erleben darf – wenn auch nur in der Fantasie.

Aber Fantasie sollte auch in der Welt eines Sportreporters erlaubt sein, der deutlich über 60 ist und einfach nur noch leben möchte ... mit Weizenbier und Quizfragen.

Und »schwupps« ist Waldemar wieder da. Wenn auch *nur* im Radio. Bei dem Aschaffenburger Sender PRIMA-

VERA (okay, der Name des Senders passt nicht sooo genau zu Waldi!) moderiert er wieder eine Bundesligashow. Leider kann ich den Sender nicht empfangen, aber bestimmt ist eine Brauerei Sponsor der Sendung – oder überrascht man uns in Aschaffenburg mit biologischer Limonade?

ULLI POTOFSKI
DER MODERATIONSPUDEL

JAHRGANG 1952

Geboren in Gelsenkirchen
Eigentlich wollte Ulli Potofski schon immer Radioreporter werden
– erste Aufnahmen machte er mit seinem kleinen Kassettenrecor-
der. Nach dem Schulabschluss lernte er aber erst einmal »was Ver-
nünftiges«, nämlich Koch, bevor er sich auf den Weg zu Radio
Luxemburg machte. Frank Elstner war damals Programmdirektor
und begeistert von diesem aufstrebenden Talent.

BERUFLICHE LAUFBAHN

1969	Moderator bei Radio Luxemburg
1971	Moderator bei Radio Brennero/Italien
1978	Wechsel zum WDR-Radio
1984	Rückkehr nach Luxemburg – diesmal zum neuen Fernsehsender RTL plus
1984–1992	Sportchef bei RTL, kreiert und moderiert die neue Fußballshow »Anpfiff«, erneuert die Berichterstattung der Formel 1, Boxen und Tennis
1992–2006	Chefkommentator bei RTL, produziert aber auch eigene TV-Formate wie »Telewette« (n-tv), »Kreis-klasse« oder »Auf Schalke« (beide DSF)
2006	Wechsel als Kommentator zu Sky
2006	Autor für Kinderbücher, in mittlerweile sechs Bänden erlebt sein Held »Locke« große Fußballabenteuer

Ulli Potofski wurde 1989 mit dem Bambi als
bester Moderator ausgezeichnet und erhielt
2013 den »MIRA Award« als bester Sportreporter.

Wenn Schalker zur Welt kommen, dann wollen sie Fußballprofi werden, wenn aber dazu das Talent nicht reicht, dann greift Plan B. Der sah bei mir schon in jungen Jahren so aus, dass ich Sportreporter werden wollte. Erstaunlicherweise habe ich dann bereits im zarten Alter von 18 Jahren beim Radio in Luxemburg meine ersten Schritte gemacht. Mit Verblüffung und Schrecken stelle ich nun fest: Ich kommentiere nun schon sehr lange Fußballspiele, seit mehr als 40 Jahren. Und man versteht mich immer noch nicht – na ja, ab und zu schon, aber nicht so oft, wie ich es gern hätte. Das liegt daran, dass es mir wichtig ist, beim Kommentieren eine zweite Ebene zu haben, was aber nicht bei allen Menschen ankommt oder begriffen wird. Man legt mir meine Art als Flapsigkeit aus, unterstellt mir Albernheit oder Ahnungslosigkeit oder sagt, ich bezöge zu wenig Stellung zu einem Spiel. Ein großes Missverständnis, das ich hier gerne aufkläre.

Ich habe Respekt vor dem, was die Spieler und die Trainer auf dem Platz machen. Aber ich nehme den Fußball nicht so ernst und wissenschaftlich und auch nicht so wichtig wie andere. Natürlich weiß ich, was ein Sechser, Neuner oder Achter ist, auch die ganzen Rautengebilde sind mir geläufig. Mich stört daran aber, dass man versucht, den Fußball mit einer Fachsprache auszustatten, um noch intelligenter und schlauer als alle anderen über ihn sprechen zu können.

Taktik spielt sicher eine große Rolle, sie wird aber auch überbewertet. Eine Grundausrichtung, wie sie auf dem Papier steht, hält in einem Spiel vielleicht zehn Minuten oder eine Viertelstunde, dann löst sie sich auf, geht in eine andere Form über, kehrt an den Ausgangspunkt der Taktik zurück und so weiter und so fort. Es ist schlichtweg unmöglich, eine aufgezeichnete Grundausrichtung über 90 Minuten beizubehalten. Das beste Beispiel ist eine Raute, über die komplette Spielzeit ist sie sicher nicht zu erkennen.

Man sieht manchmal, dass eine Taktik klar eingehalten werden kann, wenn eine Mannschaft drückend überlegen ist. Bei einem relativ ausgeglichenen Spiel ändert sich aber viel, da es seinen Lauf nimmt. Jemand steht einen Schritt zu kurz oder zu lang. Und der Spieler weiß, dass er einen Fehler gemacht hat – denn sonst könnte der andere ja nicht unbedrängt köpfen. Das muss ich deshalb im Grunde niemandem erklären.

Das Spiel würde nicht funktionieren, hätten die Trainer immer Recht. Wenn alles so verliefe, wie sie wollten, würde jedes Spiel 0:0 enden. Der eine würde keinen Fehler machen, und der andere auch nicht. Die Defensive des einen würde die Offensive des andern aufheben – und umgekehrt.

Wäre das nicht sogar das Ende des Fußballs? Die besten Spiele sind deshalb oft Pokalspiele. Es gibt kein Unentschieden und so wird dann oft auch gespielt. 1984 habe ich *das* Pokalspiel Schalke gegen Bayern gesehen. Es endete 6:6! Es wurden ständig Fehler gemacht – aber die 70.000 im Stadion gingen total begeistert nach Hause.

Leider werde ich, wie gesagt, oft nicht verstanden. Als ich neulich bei Sky ein Spiel kommentierte, sagte mir in der Pause jemand: »Wenn die zweite Halbzeit anfängt, musst du als Kommentator viel mehr Vorschläge machen, wie das Spiel noch gedreht werden könnte. Du musst Stellung beziehen.« Aha. Ich soll also den Zuschauer an die Hand nehmen und ihm sagen: Wenn die Mannschaft X mehr über links käme oder über rechts oder durch die Mitte, dann wäre noch was drin?

Ist nicht meine Aufgabe? Ich bin doch nicht der Trainer! Der sitzt unten auf der Bank und bekommt viel Geld dafür, dass er sich über solche Dinge Gedanken macht. Und wenn selbst er oft nicht weiß, wie es besser funktionieren könnte, was soll ich dann dazu sagen?

Meine Aufgabe als Kommentator ist es, an dem dran zu bleiben, was das Spiel ausmacht, ich muss es lesen und die Stimmung im Stadion erkennen. Früher habe ich mehr gesprochen als heute, ich habe das mit den Jahren abgebaut. Mein Redeanteil liegt vielleicht bei 60 Prozent. Ich mache inzwischen viele Pausen und lasse das Spiel einfach mal laufen. Ich kann erklären, was schief und was gut läuft, kann Andeutungen machen wie: Erkennbar ist, dass die Angriffe über die rechte Seite laufen müssen, weil der Gegner dort verwundbar ist.

Dabei versuche ich nicht, sprachlich der Originellste von allen zu sein. Ein Ball ist ein Ball, schon Spielgerät klingt gequält und aus Leder ist er schon lange nicht mehr. Im Bemühen, neue Sprachbilder zu finden, kann man sehr verkrampft wirken. Oft auch peinlich. Deshalb glaube ich, dass ein Minimalismus in der Fußballsprache so schlecht nicht ist.

Ich bin aber auch ein sehr spontaner Mensch. Es kommt vor, dass ich mich ein bisschen lustig mache – über alles Mögliche, zum Beispiel über die Fußballsprache. Wenn ich sage: »Da steht einer am langen Pfosten«, kann es passieren, dass ich hinterherschicke: »Wenn ich genau hinschaue, haben beide Pfosten die gleiche Länge.« Vor kurzem machte ich eine Bemerkung über die Frisur des Trainers Stefan Krämer von Arminia Bielefeld. Ich sagte etwas wie: »Es gab da mal einen Moderator, der hatte eine noch komischere Frisur.« Ich sprach natürlich davon, wie ich selbst mit meinem Lockenkopf früher aussah. Doch auch das verstanden nicht alle. Mir wurde unterstellt, ich sei respektlos – stimmt übrigens –, aber nur mir selbst gegenüber.

Es gibt Menschen, die über meine Scherze lachen. Andere halten mich für ahnungslos und beschimpfen mich. Es geht mir also wie all meinen Kommentatorenkollegen. Daran habe ich mich gewöhnt, ich bin ja lang genug dabei. Aber wissen Sie was? Das Publikum hat ein Recht zu meckern. Gehört irgendwie auch dazu. Ob ich über Kollegen schimpfe, wenn ich Fußball schaue? Nein! Ein klares Nein!

Angefangen, Bundesliga-Fußballspiele live zu kommentieren, habe ich Mitte der 70er-Jahre als Radioreporter bei »Sport und Musik« auf WDR 2. Der legendäre Kurt Brumme war damals mein Chef. Erstaunlicherweise gab es in dieser Zeitspanne nicht einmal ein Feedback-Gespräch mit dem Altmeister. Lediglich wenn man das Spiel Union Solingen gegen den FC Bocholt kommentieren musste, wusste man, so gut war man am vergangenen Wochenende wohl nicht gewesen – das war die Sprache des Chefs. Wenn man dann wieder zum 1. FC Köln oder nach Schalke durfte, hatte man offensichtlich eine bessere Leistung abgeliefert. Das habe ich bis 1984 gemacht. Dann kam RTL. Weil ich ein absolutes Radiogesicht habe, musste ich dringend zum Fernsehen.

Gerade der Anfang bei RTL in Luxemburg war eine sehr glückliche Zeit. Wir waren Mitglied in der EBU, also im

Zusammenschluss der europäischen Sender, und wir konnten einkaufen, was wir wollten. Die Rechtekosten für Fußball waren zwar damals schon ziemlich hoch, sie wurden aber nach Einwohnerzahlen der Länder berechnet. Da wir aus dem kleinen Luxemburg kamen, zahlten wir nicht viel. Es dauerte eine Weile, bis die behördenartige EBU merkte, dass wir vor allem nach Deutschland sendeten.

Und so habe ich Fußball aus Frankreich übertragen, UEFA-Pokal-Endspiele. Die WM 1986 in Mexiko haben wir zeitgleich zu ARD und ZDF gezeigt. Ich war damals der Teamchef von RTL in Mexiko – allerdings ohne Mitarbeiter, ich war ganz allein im WM-Einsatz. Rudi Michel von der ARD hatte damals weit über 300 Fachkräfte vor Ort, und ich kann mich auch heute noch genau an sein süffisantes Lächeln erinnern, als ich mich bei ihm vorstellte. 1989 kamen wir nach Köln, 1988 hatten wir die Bundesliga-Rechte gekauft. Spätestens zu diesem Zeitpunkt verging den Kollegen von ARD und ZDF das leicht überhebliche Lächeln. Dann gab es »Anpfiff«, die erste private Fußballshow im deutschen Fernsehen, die ich moderieren durfte. Mit fragwürdigen Meilensteinen wie vier- oder fünfstündigen Livesendungen am Samstagabend. Das Publikum war natürlich entsetzt, die Sendung war viel zu lang. Wir haben die Spiele live kommentiert und dann zusammengeschnitten, denn wir wollten es lebhafter machen. Aber es funktionierte nicht.

Übrigens bin ich oft gefragt worden, wie und warum ich Sportchef bei RTL geworden bin. Darauf gibt es eine einfache Antwort: Es gab keinen anderen!

Aber zurück zu »Anpfiff«. Die Sendung wurde zunächst ordentlich zerrissen. So bunt, so komisch, so gewollt modern, so eigenartige Leute. Selbst ein Günter Netzer, den wir als

Experten verpflichten konnten, wurde damals vom Publikum nicht akzeptiert. Es lag aber nicht an seinem Fachwissen, die Zeit war einfach noch nicht für ihn gekommen. Wer aber seine Biografie liest, wird feststellen, dass Günter jene Epoche als wichtige Lehrzeit in diesem Metier angenommen hat. Nur so sind seine späteren Erfolge zusammen mit Gerhard Delling möglich geworden. Ein erstaunliches Thema waren damals immer wieder meine Locken. Meine Optik war für viele Zuschauer ein Kulturschock. So habe ich, der kleine Schalker, es sogar in das Politmagazin DER SPIEGEL geschafft. Die Kollegen waren damals der Meinung, der deutsche Sportzuschauer bevorzuge den Typ Finanzbeamter. Ich war allerdings eher ein Sozialarbeiter. Es hat gedauert, bis irgendwann eine Fernsehzeitung eine Umfrage zur beliebtesten Sportsendung machte. »Sportschau«, »aktuelles sportstudio« oder »Anpfiff«? Zur allgemeinen Überraschung gewannen wir. So nahmen die Dinge ihren Lauf – RTL wurde immer professioneller, und irgendwann waren die glücklichen Jahre vorbei ... Inzwischen bin ich bei Sky.

Interessant ist: Obwohl ich seit 2006 schon nicht mehr für RTL arbeite, halten mich viele Leute immer noch für den Potofski von RTL. Das ärgert mich gewaltig. In den letzten Monaten durfte ich dann doch eine Veränderung in der Wahrnehmung registrieren, denn nun werde ich oft gefragt, wie es denn sei, an der Seite von Esther Sedlaczek bei Sky zu moderieren ... die ehrliche Antwort lautet: Sehr schön – im wahrsten Sinn des Wortes!

WIE WIRD MAN
FUSSBALLREPORTER?

Viele Menschen fragen mich immer wieder: »Wie wird man eigentlich Fußballreporter?«

Die Antwort ist einfach: »Absolvieren Sie nach dem Abitur ein Hochschulstudium und machen Sie ein Volontariat in einer Sportredaktion, bei einem Fernseh- oder Radiosender. Dort muss man Sie dann nur noch an ein Mikrofon lassen und schon sind Sie ein *Star*, den man hasst oder liebt oder der dem Publikum im schlimmsten Fall egal ist.«

Ganz so *einfach* ist es dann im wirklichen Leben nicht. Denn den Beruf des Sportjournalisten am Mikrofon kann man eigentlich nicht erlernen. Ich halte diese Tätigkeit für einen Talentjob. Also weniger im Fernsehen als beim Radio. Als ich Radioreporter werden wollte, da habe ich 1969 den damaligen Chef von Radio Luxemburg, Frank Elstner, so lange genervt, bis er mich zu einem Vorstellungsgespräch in das Großherzogtum eingeladen hat.

Es wurde eine echte Prüfung. Zunächst musste ich fünf Minuten lang ohne Vorbereitung über ein beliebiges Thema »sinnvoll« sprechen. Fünf Minuten können dabei zur Ewigkeit werden. Irgendwie habe ich es aber geschafft. Dann schickte er mir einen Kollegen in das Studio, der den Chef der Deutschen Bundesbank spielte. Meine Aufgabe: Interviewen Sie diesen Mann, bitte!

Als ein langhaariger, wie ein weißer Jimmy Hendrix aussehender Jugendlicher, wusste ich nichts über die Gepflogenheiten eines solchen Menschen. Ahnungslosigkeit kann aber durchaus zum Vorteil gereichen, denn man stellt dadurch möglicherweise die besseren, die interessanteren Fragen. Ich kürze den Vorgang hier mal ab.

Fakt war, dass ich diese Aufgaben bestand und bei RTL-Radio eine Nachtarbeitersendung moderieren durfte. Hätte mir der liebe Gott nicht die Fähigkeit zum Fabulieren gegeben, ich wäre mit Schimpf und Schande wieder nach Hause gefahren. Damals war das so bei RTL, es kam mehr darauf an, dass man ein Typ war, ein Unterhalter. Der damalige Chefsprecher Jochen Pützenbacher beispielsweise war ein gelernter Friseur. Was für einen Moderator aber unter Umständen die beste Ausbildung schlechthin sein kann. Ach ja, damit war ich immer noch kein Fußballreporter.

Jahre später erfuhr ich, dass der WDR für sein Hörfunkprogramm immer mal wieder ein Casting für neue Sportreporter durchführte. Damals nannte man das natürlich noch nicht Casting, sondern Probereportage. Selbstbewusst meldete ich mich beim Sender und wurde tatsächlich zu einer Probereportage eingeladen. 1. FC Köln gegen den VfB Stuttgart hieß die Begegnung, Köln gewann damals 2:1 – und bestimmt 30 Kandidaten durften einige Minuten Fußballreporter spielen. Es war wie ein Wunder. Einige Tage später rief mich Kurt Brumme an und teilte mir mit, dass ich am kommenden Samstag das Bundesligaspiel Borussia Mönchengladbach gegen den MSV Duisburg kommentieren solle.

Natürlich ging ich von einer weiteren Probereportage aus. Brumme teilte mir aber in aller Seelenruhe mit: »Sie gehen damit live auf den Sender!« So einfach wurde ich Sportreporter.

Schade, liebe Kollegen in spe, so einfach geht es heute nicht mehr. Siehe oben – die Sender haben da einige andere Ideen entwickelt.

Hier kann ich Ihnen nur einige Tipps mit auf den Weg geben, mit denen Sie überprüfen können, ob Sie Talent haben. Die Königsdisziplin bleibt dabei für mich unverändert die Radioreportage. In dieser müssen Sie beschreiben, fabulieren, auf Ballhöhe bleiben, laut denken, eine Stimme haben (leider auch ein Geschenk Gottes. Hat man oder hat man nicht!). Ahnung von Fußball oder besser: Wissen über Fußball ist eine Selbstverständlichkeit für diesen Beruf. Sollte man zumindest meinen.

Was man Ihnen beim Radio nicht vorwerfen kann (was aber den TV-Kollegen oft zum Verhängnis wird), Sie können nicht zu viel reden, denn Radio ohne Worte funktioniert nun mal nicht. Deshalb glaube ich, dass man die Begleitung eines Fußballspiels im Fernsehen unter Umständen lernen kann, die Tätigkeit eines Radioreporters muss man aber im Blut haben. Jetzt aber zum Praxistest.

Test Nr. 1: Erinnern Sie sich an Ihr absolutes Lieblingsspiel? Na klar, werden Sie sagen. Dann mal los. Jetzt und spontan. Erzählen Sie in der Art eines Kommentators. Ab jetzt fünf Minuten ohne Unterlass. Vielleicht haben Sie die Chance, Ihre Reportage auf einem Diktiergerät oder einem Mobiltelefon aufzunehmen. Gut! Dann aber auch nicht schummeln. Es sollten schon fünf Minuten ohne Unterbrechung sein.

Test Nr. 2: Nehmen Sie sich die Tageszeitung von heute. Lesen Sie den Kommentar aus dem Sportteil laut und deutlich und sehr akzentuiert. Bringen Sie Emotionen mit ein. Gefühle. Nachdenklichkeit, Freude, Begeisterung. Auch diesen Part sollten Sie aufzeichnen.

Nun werden Sie das hören und sagen: »Meine Stimme klingt so anders.« Nein! Genau so hört Sie jeder – dummerweise nur Sie selbst hören sich leider etwas anders. Es ist wie es ist. Sie müssen sich an Ihre eigene Stimme gewöhnen. Nur so kann man wirklich mit der Stimme spielen und diese verändern. Am besten täglich etwas aufnehmen und, so schwer es auch fällt, sich diese Tondokumente anhören und anhören. Nur so kann es zu Verbesserungen kommen. Man lernt seine eigene Stimme kennen und mögen, so merkwürdig das auch klingen mag.

Test Nr. 3: Dafür brauchen Sie Sky und die Tonoption Stadion. Bitten Sie einen Freund, den Bildschirm abzufilmen und gleichzeitig Ihren Kommentar aufzunehmen. Besorgen Sie sich vorher die Mannschaftsaufstellungen aus dem Internet. Machen Sie den Test nicht mit Ihrer Lieblingsmannschaft, sondern bewusst mit Mannschaften, die Sie nicht so gut kennen. Beispiel 2. Liga: Ingolstadt gegen Sandhausen. Bayern gegen Dortmund kann ja jeder!

Trauen Sie sich, Ihre Versuche einigen Personen vorzuspielen. Wahrscheinlich sagen jetzt viele: »Besser als Marcel Reif.« Glauben Sie diesen Menschen kein Wort!

Das Problem: Eine Anstellung haben Sie immer noch nicht. Deshalb der Tipp: Fangen Sie klein an. Wenden Sie sich an ihren lokalen Radio- oder Fernsehsender. Überzeugen Sie diesen von Ihrem Talent. Auf dieser Ebene geht manchmal ja auch noch etwas nebenberuflich.

Wer aber den Beruf des Sportjournalisten klassisch ergreifen möchte, dem bleibt nur der eingangs aufgezeigte

Weg. Übrigens haben mir einige bekannte Sportreporter vor vielen Jahren ihre Übungen auf Kassette geschickt. Dem einen oder anderen konnte ich durchaus helfen und im Zeitalter von MP3 ist ja alles noch viel einfacher geworden.

Ein Letztes noch: Wenn Sie dann eines Tages bei einem Bewerbungsgespräch in einem Sender sitzen sollten, sagen Sie nie, Sie wollen Moderator oder Kommentator werden. Das hassen die Chefs. Sagen Sie ... Sie wollen ein guter Journalist werden!

Wenn Sie sich über Medien und Sport im TV informieren wollen, dann empfehle ich Ihnen hier einige besondere Dienste im Internet:

www.quotenmeter.de
www.dwdl.de
www.kickwelt.de
www.digitalfernsehen.de
www.kommentatoren-blog.de

»Je länger das Spiel dauert, desto weniger Zeit bleibt.«
MARCEL REIF

»Der Hasan Salihamidzic hat es am liebsten, wenn er von hinten kommen kann.«
MARCEL REIF

»Nein, liebe Zuschauer, das ist keine Zeitlupe, der läuft wirklich so langsam.«
WERNER HANSCH

»Wer hinten so offen ist, kann nicht ganz dicht sein.«
WERNER HANSCH

»Es steht im Augenblick 1:1, aber es hätte auch umgekehrt lauten können.«
HERIBERT FASSBENDER

»Oliver Neuville, der europäischste Europäer, den man sich am heutigen Abend überhaupt vorstellen kann: Vater Deutscher, Mutter Italienerin und Großvater Belgier, von dem er auch den Namen hat. Sonst würde er ›Neustadt‹ heißen.«
HERIBERT FASSBENDER

»Ein bombensicheres Mittelfeld – ist mir eben rausgerutscht. Ich möchte das gerne streichen und korrigieren auf baumstarkes Mittelfeld.«
DIETER KÜRTEN

»Portugal spielt heute mit sechs Ausländern.«
BÉLA RÉTHY

»Hertha BSC und VfL Wolfsburg, die Eunuchen der Liga. Sie wollen, aber sie können nicht.«
MANFRED BREUCKMANN

»Die erste Halbzeit zerfällt in zwei Hälften: Die erste Hälfte dominierten die Rumänen und die zweite Hälfte die Rumänen.«
MICHAEL STEINBRECHER

»Smith, ein Name, den man sich merken muss.«
ERNST HUBERTY

»Der kleine Oliver Neuville. Er schaut immer so
traurig drein. Man möchte ihn am liebsten an die
Hand nehmen und ihm ein Eis kaufen.«
REINHOLD BECKMANN

»Unten raus hat Bremen oft Probleme mit der Luft.«
STEFFEN SIMON

»Nun ist ›Druck‹ ja ein Verb, das im Fußball sehr
häufig verwendet wird.«
WALDEMAR HARTMANN

»Wenn man Gelb hat und so reingeht, kann man
nur wichtige Termine haben.«
JOHANNES B. KERNER

»Ja, Statistiken. Aber welche Statistik stimmt
schon? Nach der Statistik ist jeder 4. Mensch ein
Chinese, aber hier spielt kein Chinese mit.«
WERNER HANSCH

»Wenn Sie dieses Spiel atemberaubend finden,
haben sie es an den Bronchien.«
MARCEL REIF

»Halten Sie die Luft an, und vergessen Sie das
Atmen nicht.«
JOHANNES B. KERNER

»Sie sollten das Spiel nicht zu früh abschalten. Es
kann noch schlimmer kommen.«
HERIBERT FASSBENDER

»Ich habe nie an unserer Chancenlosigkeit gezweifelt.«
RICHARD GOLZ

FOTONACHWEIS

S. 14: picture-alliance/dpa; S. 13 (Fernseher): P i l i g r i m - Fotolia. com; S. 18/19: picture-alliance/dpa/dpaweb/Empics; S. 19: picture-alliance/dpa/Empics; S. 20/21: lassedesignen - Fotolia.com; S. 23: picture-alliance/dpa; S. 26/27: picture-alliance/dpa/Gazetta dello Sport; S. 30: picture alliance/Gerhard Schnatmeyer; S. 34/35: picture-alliance/dpa; S. 35: picture-alliance/Schirner Sportfoto; S. 41: picture alliance/Eibner-Pressefoto; S. 44/45: picture-alliance/dpa; S. 45: picture-alliance/dpa/dpaweb/Schirner Sportfoto; S. 48: picture-alliance/ Erwin Elsner; S. 52/53: picture-alliance/dpa/epu; S. 53: picture-alliance/dpa/KEYSTONE/STR; S. 57, 61, 68/69, 73: picture-alliance/dpa; S. 80: picture-alliance/ZB; S. 84/85: picture-alliance/dpa/Stackmann; S. 85: picture-alliance/AP; S. 89: picture-alliance/dpa; S. 92/93: picture-alliance/Baumann; S. 96: picture alliance/Sven Simon; S. 101: picture-alliance/Norbert Rzepka; S. 105: picture alliance/Horst Galuschka; S. 108/109: picture-alliance/dpa/Europapress; S. 109: picture-alliance/dpa/Staedele; S. 112, S. 116/117: picture-alliance/dpa; S. 117: picture-alliance/Pressefoto Baumann; S. 121: picture-alliance/dpa; S. 125: picture-alliance/dpa/Frank Kleefeldt; S. 128: picture alliance/ Horst Galuschka; S. 133: picture-alliance/augenklick/Laci Perenyi; S. 137: picture-alliance/dpa; S. 141: picture-alliance/Sven Simon; S. 144: picture-alliance/dpa; S. 149: picture-alliance/dpa/Oliver Berg; S. 153: picture-alliance/dpa; S. 157: picture-alliance/augenklick/sampics; S. 160: picture alliance/augenklick/firo Sportphoto; S. 169: picture-alliance/dpa; S. 174: picture alliance/rtn - radio tele nord; S. 180: Natika - Fotolia.com; S. 185: stokkete - Fotolia.com; S. 186/187, 188/189, 190/191: Melinda Nagy - Fotolia.com.

Trotz intensiver Bemühungen war es nicht in allen Fällen möglich, die Rechteinhaber zu ermitteln. Für Hinweise sind wir dankbar. Rechtsansprüche bleiben gewahrt.